PHP
Business Shinsho

結果を出す
リーダーの条件

Koichiro Yoshikoshi
吉越　浩一郎

JN204266

PHPビジネス新書

はじめに

二〇一二年の三月期の決算は衝撃的だった。

ソニー、シャープ、パナソニックなどの大手電機メーカーが、軒並み過去最大の赤字を計上したのだ。電機大手八社の数字を合計すると、なんと当期純損失が一兆円を超える。

かつて電機といえば、自動車と並んで日本を代表する産業だった。海外のホテルに泊まっても、テレビにはたいてい「ＳＯＮＹ」といった、日本で見慣れたロゴが輝いていたものだ。

ところが、いまやそのソニーも業績が低迷して久しい。代わってここのところ急激に存在感を増しているのはサムスン、ＬＧ電子などの韓国メーカーである。

他の業界でも似たようなことが起こっている。かつては日本に逆立ちしても勝てなかったような中国や台湾のメーカーが、どんどん日本を追い越していっているのだ。

技術力に関していえば、まだ本家の日本に一日の長があるのは間違いない。それなのに、日本はたやすく売上で逆転を許してしまった。それはなぜか。

私は、その答えはリーダーシップの差にあると思っている。

インターネットの出現とデジタル化の進展によって、企業を取り巻く環境は日進月歩どころか、秒進分歩という体で変化している。技術や知識はあっという間に陳腐化し、それまでのやり方はすぐに通用しなくなる。前例を踏襲しているだけでは競争に勝てない。

それがいまという時代なのである。要するに答えがないのだ。

だからリーダーは、答えがないなかで状況を見極め、組織にとって最大の利益を上げるには何をすればいいかを瞬時に判断し、メンバーに進むべき方向を示さなければならない。それが現代のリーダーに求められているリーダーシップなのである。

ところが、日本企業にはそういうリーダーシップを発揮できるリーダーが、ライバルとなる世界の会社と比べ、圧倒的に不足している。

日本にはリーダーらしいリーダーが少ないことは、国のリーダーである総理大臣をみても明らかだ。米軍普天間基地移転も、ＴＰＰ参加も、東日本大震災後の瓦礫処理も、とにかく国にとって大事な問題はことごとく先送り。先日、ようやく念願の消費税増税法案だけは成立させたが、民主党内からも造反議員が続出。ましてや国際会議になど出席したら、まったく存在感を示せない。

フランスのサルコジ元大統領は、任期中の五年間に年金制度や議会、大学、組合など九百にも及ぶ改革を行っている。あまりにやり方が性急すぎて国民から反感を買い、ストやデモがたびたび起こったが、それでも自分の信念を曲げずそれだけのことを成し遂げた。

消費税増税だけで手いっぱいになって、ほかに何も見えなくなってしまう日本の総理など、足下にも及ばない強烈なリーダーシップの持ち主なのだ。

このような状況下で、ビジネスにしろ政治にしろ、今日グローバルでの競争に勝つにはリーダーシップの発揮できる人間が必要だということに、ようやく多くの人が気づきはじめたようで、最近はリーダーシップ教育に本腰を入れて取り組む企業が増えてきている。

これ自体はいいことだとは思うが、教育によってリーダーが育てられるという前提に立つと失敗するだろう。

仕事には、教えられることと教えられないことがある。教えられるのは名刺の出し方や日報の書き方というような、いわゆる形式知の部分だ。だが、それは仕事の一部であって、大部分は言語化できない暗黙知によって成り立っているのである。

長嶋茂雄読売巨人軍終身名誉監督が、選手を教えるときに「ボールがビューンと来たらバーンと打つ」というような独特な表現をするというのは有名な話だが、あれはバッティングの技術がまさに暗黙知だからであって、正確に伝えようと思ったらああいう言い方しかできないからだと考えられる。

そのなかでもリーダーシップというのは、暗黙知の最たるものだ。つまり、リーダーシップは「教えられない」のである。

優秀なリーダーというのは、みな自分で経験を積み、試行錯誤を繰り返しながら自分なりのリーダーシップを身につけたのだ。どの社長に話をきいても、手取り足取り教わって、ようやく社長としてリーダーシップを振るえるようになりました、などと答える人はいない。教わったのではなく、自分で社長に育ったのだ。リーダーは、研修では育てられない。

しかし、リーダーになりたい、リーダーシップを手に入れたいと本気で思っていて、その覚悟があるなら、そういう人に手掛かりや道標を示してあげることは可能だ。

本書は、これから自分の力でリーダーになろうと思っている人たちのための書である。

もちろん、こうすれば確実に立派なリーダーになれますという答えはどこにも書いていないが、リーダーになるためのヒントは満載だ。

他のリーダーやリーダーシップについて書かれた本と比べ、かなり厳しい内容になっているが、そこは我慢して読んでほしい。

なぜなら、自分に徹底的に厳しくならないかぎり、本物のリーダーにはなれないからだ。「リーダーは徹底度」、これが本書の合言葉だ。

調子のいいリーダー指南書など、ゴミ箱に放り込んでしまえ。

二〇一二年九月

吉越　浩一郎

結果を出すリーダーの条件◆目次

第2章 ― 有能と無能の境界線

第3章 結果重視、即行、トップダウンを徹底せよ

第4章 恐れと遠慮を捨てて導く力を

第1章

九五%の暗黙知を手に入れろ

日本が不況から抜け出せない理由

私は、現在一年の半分を海外で過ごしているが、ここ数年は帰国するたびに、閉塞感の度合いが強まってきているような気がしてならない。

最大の理由は、やはり経済の停滞だろう。

戦後の焼け野原から驚異的なスピードで世界第二位の経済大国に成長し、世界中から驚異の目で見られていたころの日本社会には、活気が充ちていた。

ところが、九〇年代前半にバブルがはじけると、その後経済は低迷を続け、いまだに浮上の気配すら見えない。

その間に中国やインドなどの近隣諸国が台頭し、日本の存在感はアジアでも日に日に薄まっている。八〇年代、日米貿易摩擦時のジャパン・バッシング、九〇年代に欧米諸国が中国へ向かったジャパン・パッシングを経て、もはや「ジャパン・ナッシング」である。

そして、日本人はかつての自信をすっかり失ってしまった。

私は、日本が長らく不況から脱することができないのは、国にも企業にもリーダーたる人材が不足しているのがその最大の原因だと思っている。

いい例が、東日本大震災の直後に起こった東京電力福島第一原子力発電所の事故に対する政府の対応だ。

フランス政府はすぐに日本にいる自国民の救出のために、エールフランスに臨時便を何機も出すよう指示、フランス大使館には本国から、ヨウ素剤の錠剤一万個が届けられた。また、在日フランス人のところには大使館を通じて、本国の情報に基づいた適切な指示が随時メールで伝えられ、妻がフランス人である私も、それによってずいぶん助けられた。

後にフランス大使にうかがったところによれば、フランスでは今回のような緊急事態が発生すると、すべての省庁を越えて権限と情報がフランス原子力安全局に集中し、独自で判断・行動できるようなシステムができあがっており、それを越えて安全局に指示・命令できるのは大統領だけになっているということだった。

国家が危機にさらされているというのに指揮系統や権限がはっきりせず、日々刻々変化する状況にリーダー自身が右往左往している日本とは大違いだ。これからのリーダーはまず、世界とわが国の差を認めなければならない。

世界トップレベルの労働者

リーダー不在による国力の低下の話から始めたが、おそらく同じようなことが、多くの日本企業でも毎日のように起こっている。

企業業績の低迷に関しては、日本人の質の劣化を指摘する人もいるようだが、私はそうは思わない。日本の労働者のレベルは、いまでも間違いなく世界のトップレベルである。

数年前、トリンプ時代に懇意にしていたドイツ人の社長夫妻と日本で会食をしたときのことだ。その帰り道、私たちの乗る彼の社用車が道路工事の現場にさしかかると、彼が突然「あれを見ろ」と声をあげた。

何かと思い、慌てて彼の指さす方向に視線を送ったが、とりたてて変わったものは別にない。そこでは工事中の標識の横でヘルメットを被った中年の男性が、保安指示灯を振って車の誘導をしているだけだった。

しかし、私には見慣れたその光景が、ドイツ人の彼にとってはそうではなかったようだ。

彼によれば、ああいう単純作業は誰にとってもおもしろくないので、ドイツ人はまずまじめにやらない。お金をもらっているので仕方なくやっているという態度の人がほとんどだという。

ところが、あの日本人は誰も監視していないのに、まるで手を抜くことなく一生懸命自分の仕事に取り組んでいる。それが彼にとっては驚きなのだというのだ。

私もドイツやスイスの企業で働いてきたから、彼の気持ちもわからないではない。交通整理だろうがトイレ掃除だろうが、それが仕事だといわれればきちんとやる。そういう勤労の精神というのは、たしかに日本人特有のものだ。

そういう国民性がものづくりに活かされたからこそ、戦後の高度成長が可能だったといってもいいだろう。

そして、ドイツ人社長が交通整理の人を見ていつも感心しているように、いまもその勤労の精神という美徳は日本人から失われていない。

とはいえ、そういった上質な労働力という戦力に恵まれていながら、日本経済はずぶずぶと沈みつつある。となると問題はやはり、その労働力をマネジメントして成果を生み出す役割を担うリーダーにあるといわざるを得ない。

リーダーシップは教えられない

冬にスイス旅行をしたときのことだ。友人の運転で山の中腹にある彼の別荘に行くことになった。

山道にかかると片側は切り立った崖で、なんとガードレールがない。そこをかなりのスピードで走っていくのだ。時おり雪でタイヤが滑る。道を外れれば奈落の底に真っ逆さまだ。正直、私は生きた心地がしなかった。

だが、ハンドルを握る友人は平気な顔をしている。車の運転は自己責任。ガードレールがなければ運転できないという人は、最初から走らなければいい、というわけだ。そして、世界のほとんどの国や地域は、こういうルールで動いているのである。

では、わが日本はどうか。

六本木ヒルズのエスカレーター前には「利用時には手すりをもってください」「大人は子どもの手を引いてください」などの注意書きが七項目も書かれている。お節介なくらい気を使ってくれるのが日本社会の特徴なのだ。

ここではこうしろ、ああしろということが、微に入り細にわたってあらかじめ決められている。逆に言うと、社会の一員としてそれさえ守っていればいいのだから、日本くらい暮らしやすい国はないといえる。

一方で、そういう社会では真のリーダーがなかなか育たない。言われたことに従う、ということにあまりに慣れさせられてしまうからだ。

たとえ想定外の状況であっても、自分の頭で正解を考え、ここは右だ、左だと瞬時に判断していけるというのが、リーダーの本来の資質である。ところが、エスカレーターの前にまで七つの注意書きが用意してあるいまの日本には、自分の頭で自ら考え判断をする機会があまりにも少なすぎるのだ。

また車の話に戻って恐縮だが、今のフランスには信号が極端に少ない。市内で場所がとれない場合を除きロータリーになっていて、自分がロータリーに入ろうとする時に車が来なければ、一旦停車するまでもなく進めばいい。信号に指示されて停まったり進んだりするのではなく、判断はこちらに任されている。

最高時速もそうだ。市街を出ると七十キロ、九十キロとなる。悔しかったらそのスピードまで出してみろ、といったスピードである。怖くて少し落として走っていると、後ろに行列ができている。

とにかく自分の責任と判断に任されていると感じる。

だから、そうではない日本においては必然的にリーダーシップ教育が必要になってくる。いくらいい製品をつくっても、的確な状況判断ができるリーダーがいなければ、競争には勝てないからだ。

では、リーダーシップはどのように教えたらよいのだろうか。

それこそ、こうすれば優秀なリーダーが育てられるといったマニュアルでもあればいいのだが、残念ながらそういうものはない。もっといってしまえば、「リーダーシップを教えるのは不可能」である。

もちろん、社会人としての常識や仕事に関する各種のスキルなど、教えられるものもある。「はじめに」にも書いた、形式知の部分だ。

だが、リーダーシップにおいて形式知の占める割合は五％程度にすぎないものだと思う。残りの九五％にあたる暗黙知にこそ、リーダーシップの本質は宿っているのである。

匠、技、コツ、勘、暗黙のルールなどもみな暗黙知の領域だ。そして、これらは教えることができない。試行錯誤の経験から以外は、体得しえない。

落合博満氏はその著書『采配』（ダイヤモンド社）のなかで、ドラフト一位で入団した選手がダメになる理由として、選手がコーチの教えを受け入れすぎることを挙げている。

せっかくいい素質をもって入団してきても、教わったことを安易に自分のものにしようとすると、完成度が低い技術が固定してしまうのだ。暗黙知を教えようとすると、得てしてこうなるのである。

しかしながら、暗黙知は教えられないが、リーダーを育てる手がないわけではない。要するに、その人が自分で学び育つ人間になればいいのである。

教えてもらうという受け身の姿勢では、絶対にリーダーになれないことを知っておくべきである。

タクシー運転手に学ぶ暗黙知

私がまだトリンプの社長を務めていたころの話だ。

いつもは遅くとも午後九時には帰宅するようにしていたのだが、その夜は取引先のパーティーに出席し、かなり遅くなってしまった。

社用車にはもう帰ってもらっていたので、大通りに出てタクシーを拾おうとするが、場所が悪いのかそれとも時間帯のせいなのか、空車が一台も来ない。

腕時計をにらみながらじりじりして待っていると、遠くに空車ランプが見えたが、私が立っているのとは反対の車線だ。

その車が通り過ぎるのを忌々しい気持ちで見送るとき、一瞬運転手と目があった気がした。すると、次の瞬間タクシーがウインカーを出した。「あれっ」と思っていると、車は少し行ってから安全な場所でUターンして、私の目の前で停まった。

私は恐縮して乗り込むと、なぜ私がタクシーを待っていたことがわかったのかきいてみた。私はその運転手に対して手を挙げ、乗車の意思表示などしていなかったからだ。

「そんなのはこの仕事を何年もやっていれば、勘でわかりますよ」

中年の運転手は、何を当たり前のことをとでもいいたげに、私の質問にそう答えた。

でも、それが決して当たり前ではないことは明らかだ。それまでも反対車線を何台も空車のタクシーが通り過ぎていったが、彼以外に私に気づいて引き返してきた車など一台もなかったのだから。

この人は、絶対営業成績がいいに違いない。そう思ってきいてみると、そのタクシー会社の営業所では毎月売上がトップだということだった。

さもありなん。たぶん、彼は売上を伸ばすための暗黙知が優れているのだ。

反対側の車線にも、自分のお客さんはいる。そういう人をどうすれば見つけられるか知っていれば、目の前しか見ていない人よりも成績がよくなるのは当然だ。

では、これを言葉にして伝えることは可能だろうか。

「反対側の車線にも注意力の二割を振り分けろ。路肩に立ってきょろきょろしている人はタクシーを探している可能性が高い。ウインカーをうまく使って、そっちに行くという意思表示をしろ」

マニュアルにすればこんな感じだろう。でも、成績の悪い人にこれを覚えさせたところで、急に成果が出るとは考えられない。

タクシーを待っている人を探したり、お客さんかそうでないかを判断したりする、絶対的なノウハウやルールがあるのではない。それは、この運転手のいうように、結局は勘なのである。

そういう勘もない人が、いくら反対側の車線にも注意を向けるようにしたところで、目が合っただけで瞬時に私を自分の客だと判断し、車をUターンさせることができるかといったら、やはり無理なのである。

自分の頭で考える

では、勘が働くようになるためにはどうすればいいのか。

日ごろからなんとなく車を走らせて、一日の売上を確認しては今日はよかった、悪かったと一喜一憂しているような仕事の仕方では、何年経ってもこの勘は育たないし、営業成績も上がらないだろう。

勘をよくするためには、どうすればもっと売上を増やせるか、もっとお客さんをたくさん獲得できるいい方法はないかと、常に考えながらハンドルを握ることだ。その目線が高ければ高いほど、勘も働きやすくなる。

特にタクシー運転手ではその差は大きな結果の差となって表れる。いったん営業所を出ると、どのタクシーもタクシーとしての条件はほとんど同じだからだ。××の会社のタクシーが好きだといっても、タクシーを探している人にとって、それは二の次となることはご存知のとおりである。逆にそれが店舗であれば、そのロケーション、店構えなどで売上は大きく影響される。

だからタクシーの運転手としていい実績を出せる人は、なんの仕事をしてもいい結果が出せるのではないかと思う。

勘を働かせることは大事で、それはどんな仕事も一緒である。マニュアルやハウツーにはいろいろ役に立ちそうなことが書いてあるが、それを読んでわかった気になっていたら、本当に仕事ができるようにはならない。

林文子横浜市長がダイエーの会長をされていたころ、やはり似たような話を彼女からきいたことを覚えている。

アルバイトが数人で店頭に出てビラ配りをしていた。しかし、通行人は忙しいのかビラを受け取る人は少ない。でもよくみていると、ひとりすごくビラ配りの上手な人がいて、その人が配るビラはどんどんはけていく。

あとで林氏がそのアルバイトにどうやっているのかと尋ねると、正面に立たずにちょっと斜めに構えてビラを隠しておいて、通り過ぎる瞬間に渡すようにしている、ということだった。別に誰かに教わったわけではなく、どうしたらもらってもらえるか自分で考えて、そういう配り方を編み出したのだそうだ。

ビラ配りだろうがリーダーだろうが、人より一歩抜きん出るには、マニュアルやハウツー本に書いていないことを自分の頭で考え、自分なりの暗黙知を手に入れるしかないのである。

ネスレ日本社長兼ＣＥＯの高岡浩三氏からも以前、おもしろい話をきいた。スイス本社で行っているマネジャー教育の話である。何をやっているのかというと、あえて正解のない課題を与えて、その答えを考えさせるのだそうだ。

もうひとつ、フランスには、バカロレアという大学入学資格を得るための試験がある。「対話は真理への道になり得るか」「なぜ動物は言葉をしゃべらないのか」というような、非常に抽象的な質問に、二時間から三時間かけて自分なりの答えを出すのだ。「考える」ということに重きを置いた教育の結果である。吉越家では、妻も息子もこれを受けている。

あるとき、息子に「なぜ動物は言葉をしゃべらないのか」のような質問に、本当に正しい答えがあるのか尋ねてみたところ、これがあるという。きちんとロジックを組み立てて考えていけば、必ず正解に行き着くのだそうだ。

とは言え、唯一の正解に到達するということではないはずである。

答えを教えるのではなく、考えるということを教える。こういう研修や教育なら意味があるだろう。意欲と能力のある人は、自分の頭を使う重要性に気づいて、その気づきを栄養にしていくだろうし、そうでない人にとってはただの暇つぶしで終わってしまうかもしれない。でも、それでいいのである。

リーダーシップが発揮できるようになりたいと思って、自ら努力する人をひとりでも増やす、それがいまリーダー不足に悩む日本にとって、いちばん必要で確実なことなのだ。

自分の頭で考えることは、リーダーシップを身につけるための第一ステップなのである。リーダーを目指しているなら、まずは自分の頭を使うこと。部下を未来のリーダーにしたいなら、まずは自分の頭で考えさせること。リーダーシップづくりはそこから始まる。

仕事の与え方を見直そう

思うように部下が育ってくれないと嘆いている人は、もしかしたら部下に対する仕事の与え方が間違っているのかもしれない。

仕事は１）緊急度が高く重要度が高い、２）緊急度が高く重要度が低い、３）緊急度が低く重要度が高い、４）緊急度が低く重要度が低い、という四つの象限に分類できる。

部下は放っておくと、たいてい１）と２）にかかりきりになってしまう。

しかも割合はたいてい２）のほうが大きくなる。しかし２）というのはルーティンワークだから、こればかりやっていても暗黙知の部分はまったく鍛えられない。

でも逆にいえば、１）と２）は放っておいても進むのである。そこで、上司はあえて３）、４）の仕事を部下に命じるようにする。３）、４）をやっていかないと、会社のレベルはなかなか上がっていかないものなのだ。

このとき大事なことが二つある。

ひとつは、必ずデッドラインを決めるということ。「できるだけ早く」のような曖昧ないい方ではなく、「明日の朝十時までに文書にして私のところに提出せよ」というように、具体的に期限を区切るのだ。

そうすることによって仕事のスピードが上がり、能力が高まるのである。デッドラインについては後ほど詳細な紹介をするが、３）と４）の仕事は後回しにされ、忘れられがちなので、デッドラインを引くことにより意味がある。

もうひとつは、報連相を求めないこと。やれ報告だ、相談だ、連絡だなどと上司からうるさくいわれたら、結局その部下の仕事のスケールは、上司が思い描いている範囲のなかから出られないことになってしまう。ましてや自分で考え抜くことをせず、鍛えられないので、その部下の実力も上司以上のものにはなりえない。

それは仕事ではない。どうしたら課題を解決できるか、どういうやり方をすれば最も効率的か、そういうことを自分の頭で考えるのが仕事なのである。

だから、いったん任せたら最後まで口出しせずに、責任をもってやらせるのだ。もちろん、上司として彼がどういう進め方をするかを知っておくのは当然だし、明らかに間違っていることがわかったら、実行に移す前の段階でもう一度考えさせることも必要だ。

だが、取り返しのつかない失敗でなければ、むしろ失敗させたほうが、本人の成長につながるということも忘れてはならない。

そして、部下が多少の失敗をし、本人では処理しきれない場合には、上司はきちんと後始末をしてやること。自分は知らなかったなどと逃げるようでは、部下をもつ資格はない。

このように部下に接していると、自分から学んでどんどん伸びていく人と、そうでない人の差がついてくる。

組織というのは上のレベルが上がらないと全体のレベルも上がらないものなので、伸びるところに資源を集中して悪いことはなにもない。

だから、学ぶ意欲のある部下のハードルはどんどん上げていき、そうでない部下にはルーティンワークに毛が生えた程度の仕事を与えるようにすることで、バランスをとっていけばいいだろう。

おかしな平等主義を持ち込むことはない。会社というのは生存競争の場なのだから、力と意欲のある人間には遠慮なくチャンスを与え、そうでない人にはそれなりの処遇をすることは、きわめて正しいマネジメントだ。

ハングリー精神を呼び覚ませ

社会から隔離された学校で過ごす学生時代は、草食系でもよかったかもしれないが、学校を卒業して社会に入ったら草食系は明らかに不利だ。なぜなら、社会というのは競争が前提の弱肉強食の世界だからだ。

草食系は、あっという間に肉食獣のエサになってしまう。

だから、理想をいえば会社やチームを強くするいちばんいい方法は、最初から野性味あふれる肉食系の人ばかりを採用することである。

京都大学アメリカンフットボール部「ギャングスターズ」の監督を足掛け三十六年にわたって務め、二〇一一年十一月に退任された水野彌一氏も同じようなことをいっていた。

水野氏は当初、集まってきた選手を猛練習で鍛え上げて強くしようとしていたが、監督の意に反してチームはなかなか強くならなかった。

そして、後にアメリカの大学院に留学したとき、その考え方が間違っていたことに気づかされる。本場のカレッジフットボールの指導者は、水野氏にこういったという。

「われわれは選手を育成していない。もともと能力のある選手を全米各地から集め、彼らに練習で戦術を覚えこませるのがコーチの仕事だ」

以後、水野氏は方針を変え、能力のある選手を集めることに力を入れるようにしたのだそうだ。

ただ、運動選手と違い、会社員として採用する場合は、目の前の人が肉食系か草食系かを、面接の短い時間で正確に見極めるのは難しい。本当は草食系であっても、面接の間だけ会社側が好む肉食系を装うことは可能なので、そういう顔をされるとつい騙されてしまい、採用してからしまったということは何度もあった。

だが、草食系であっても、途中で肉食系に変わる人だっている。

これは不思議でもなんでもない。人間はもともと環境の動物であり、雑食なのであって、肉食系か草食系かというのは、育ってきた環境によって決まるものだからだ。

日本の学校では、運動会で全員手をつないでゴールし、順位をつけないというような教育が行われているので、そこに順応しているとどうしても草食系になりがちである。

しかし、会社で厳しい競争のなかに放り込み、そこで勝って肉を食べるという経験をさせれば、「自分で勝ちとって手に入れた肉というのは、こんなに美味しいのか」と気づき、それに味をしめてもっと美味しい肉を食べたいと自分を鍛え始めるというケースは、決して少なくない。

大事なのは、草食系が肉食化する環境を用意しておくということ。逆に、たいしたことでもないのに大げさにほめ、すぐにほうびを与えるようなことをしていたら、いつまで経ってもその人は、草食系をやめようという気にはならないだろう。

それが、ダメなリーダーの典型だ。安易にほめそやすのではなく、真の勝利の味を教えてやるのがリーダーの仕事なのである。

〝Stay Hungry. Stay Foolish.〟アップルの創設者であるスティーブ・ジョブズは二〇〇五年春、米スタンフォード大学の卒業式で、優秀な学生の前で行ったスピーチをこの言葉で締めくくった。

「ハングリーであれ、愚かであれ」というのは、要するに成功したければ野性味をもって生きろということだ。

まずはリーダー自身がこのことを肝に銘じ、部下に伝えていくべきだろう。

「個の自立」を促す役目

上司は窓を背にして座り、その前に部下の机が並ぶ。大部屋なので仕事をしていると、電話や社員どうしの話し声などが、自然と耳に飛び込んでくる。

一般的な日本の会社のイメージというのは、だいたいこんなものだろう。にぎやかなのは活気がある証拠なので、悪いことではないのである。

しかし、こういうオフィス環境というのは、世界標準からすればかなり特殊だということをご存じだろうか。

私がそれに気づいたのは二十代後半、ドイツ企業・メリタの香港オフィスで働くようになってからだ。

そこでは社員一人ひとりに個室が与えられていた。同僚と不必要な会話をすることもないし、カーペットもしかれていて他の社員の電話の声も聞こえてこない。だからひたすら自分の仕事に没頭することができる。

その代わり、終業時間の午後五時には、頭が疲労で真っ白になって、残業する余力なんてとてもではないが残っていない、という貴重な経験をすることとなった。

それまで日本で働いていたときは、ご多分に漏れず私も連日深夜まで残業していた。それが普通だと思っていたのだが、香港に来て個室で仕事をするようになってみると、普通どころか日本の会社は、とんでもなく非効率だということがよくわかった。

騒がしいオフィスにいると、なんとなく仕事をしている気になるが、実際自分の仕事と真剣に向き合っている時間というのは、そのうちいくらもない。

つまり、仕事の密度が薄いのである。深夜まで残業ができるというのは、昼間に力を使いきっていないからだったのだ。

やってみたらわかるが、個室で集中して仕事をするほうが圧倒的に能率が上がり、残業をするよりもより多くの成果を上げることができる。

もし、経営者が会社の生産性を上げたいと本気で思うなら、大部屋をやめて社員に個室を与え、そこで仕事をさせるようにすればいいのである。効果のほどは私が保証しよう。

ただし、その働き方に慣れるまでは、社員はかなりの苦痛を覚悟しなければならないだろう。

個室で集中して仕事をするためには、個として自立していることが前提となる。ところが、日本のビジネスパーソンは、お世辞にも自立しているとはいい難い。優秀な大学を卒業していても、ひとりの人間として生きる力については、はなはだ心もとない人がほとんどなのである。

自立していないというのは子どもと同じだから、誰かに答えを教えてもらわないと動けない。自分で正解を考え、その責任を引き受けられないのだ。

報連相しながらやるのが仕事だと思っているなら、自立なんてしなくてもいいし、部下は常に上司の目の届くところにいるほうが便利なので、大部屋というのは理にかなっているといえる。

だが、日本が得意とするチームワークのよさと品質で戦えた二十世紀ならともかく、それよりはるかにグローバル化が進み、製品の品質に大きな差がなくなって、競争のレベルが高くなった二十一世紀は、個人のパフォーマンスが低ければますます勝てなくなってくるのである。

従ってリーダーの役目も、全体の歪みを均して集団の底上げを図ることから、個の自立を促すという方向に変化してきている。メンバーには、いま求められているのは従順であることではなく、自分の進め方で結果を出す働き方なのだということを叩きこまなければならない。

時間は計画ではなく実行に使う

ラジオは五千万人の聴取者を獲得するまでに三十八年かかった。テレビの視聴者が五千万人に達するまでの期間は十三年。同様にインターネット、iPod、フェイスブックのユーザー数が五千万人を越えるのに有した期間は、それぞれ四年、三年、二年である。

これは、『Did you know?』というタイトルの、ユーチューブにアップされている動画の中の数字だ。このサイトにはほかにも「二〇一〇年に需要のある上位十の仕事は、二〇〇四年には存在していなかった」「現在『ニューヨークタイムズ』に掲載されている一週間分の情報は、十八世紀のひとりの人が生涯を通して得た情報よりも多い」といったドキッとする数字が並んでいる。

これらを見ると、私たちはパラダイムシフトの真っただ中にいるということを、否が応でも認めざるを得ない。

あらゆることが歴史上かつてないスピードで変化していて、ノウハウ書に書かれているような知識は、あっという間に廃れ、使えなくなるということを意味する。

つまり仕事においても、上司や先輩に正解を教えてもらうという姿勢は、もはや通用しないのだ。とくに、常に判断を下すことを求められるリーダーは、答えを自分で考え出せる人間でなければならないのは前述のとおりである。

加えて大事なのがスピードだ。日本人はこのスピードがことのほか弱い。

ものごとを完成させるまでに、全体の〇％、二五％、五〇％、七五％の段階でそれぞれ選択肢が五つあるとしよう。そうするとゴールに到達したときには、すべての可能性の中から六二五分の一を選んだことになる。

$1/5 \times 1/5 \times 1/5 \times 1/5 = 1/625$

このとき日本人は、スタートする時点で六二五分の一を確実に決めていないと安心できない。だから、計画や検討をものすごく重視する。

しかし、このやり方ではダメなのだ。時間がかかりすぎるし、途中までやってもっといい方法があると気がついても、すみずみまでガチガチに決められているので修正することができない。

そうではなく、これが正しいという六割の確信が得られたら、すぐに走り出して二五%のところまで行ってしまうのだ。そうしたらそこで一度立ち止まって、再び六割方正しいと思える方向に進む。五〇%、七五%の地点でも同様のことを行う。

このように、最初から完璧な青写真を描くのではなく、走りながら徐々にコースを修正していけばいいのである。

時間は計画ではなく、実行にこそ使う、これがスピードアップの秘訣であり、二十一世紀のやり方なのだ。

日本のリーダーはこれができないから、今回の原発事故のような〝想定外〟のことを引き起こしてしまうのである。

つまり、前向きに検討しどんどん進めるのではなく、色々と理由をつけてはいつまでも問題を先送りし、挙句の果てに一か八かで答えを出し、失敗してしまうのだ。東京電力、オリンパス、日本航空……例を挙げればきりがない。

しかし、経営の辞書に「想定外」という言葉はあってはならないのである。

少し話がそれるが、日本に進出してくる外資系企業の最大の悩みは、会社を任せられる日本人の社長が見つからないことだということをご存じだろうか。

ヘッドハンターに高いフィーを払って探させて、いくら面接しても、それだけの実績があってぜひ来てほしいと思える候補者がいないということである。

たしかに、英語ができて、周囲を納得させられる的確な決断が瞬時にできる人となると、私もすぐには思いつかない。

対象者が多すぎてヘッドハンターが悲鳴を上げるような日本になりたいものである。

与件のなかで勝負しろ

日本経済団体連合会の米倉弘昌会長が、日本企業が置かれている現状は七重苦だといろいろなところで訴えている。

長引く円高、高い法人税、貿易自由化の遅れ、人材派遣などに対する規制強化、原料コストの上昇、温室効果ガス（CO_2）削減の高すぎる目標、原発事故による電力不足と電気料金の上昇。

これらが重荷となって日本企業を苦しめているというのに、政府はあまりに無策だというのだ。

私も状況の厳しさはそのとおりだと思う。だが、経団連の会長が「政府が企業の足を引っ張っている」と文句をいうのは良いとしても、個々の企業のトップがそんなことをいっていてはいけない。

経営するにあたって常に最高の条件が用意されているなどということはあり得ない。むしろ障害や逆風があるのが自然な状態であり、そういうものも含めた与件のなかで、苦しみながら結果を出していくのが経営なのである。

自分たちの都合のいいようにすべてお膳立てしてくれたらうまくやってみせますよ、などというのは、自ら経営力がないと白状しているのと同じことだ。

千葉西総合病院は、救急で運ばれる患者を拒まない病院として知られている。

それを実現するために病院は年中無休二十四時間オープン、各科の専門医が昼夜問わず常駐し、ベッドも必ず確保できるようにしてあるそうだ。

救急患者を拒まないというのは、たまたまそういう条件が整っていたから実現できたのではない。院長である三角和雄氏が、なんとしてもそういう病院にしたいと考え、苦労の末にそれを可能にする体制を完成させたのだ。

だから本当は、他の病院だってできないはずはないのである。

大事なのは、トップ、リーダーに自分たちはこうありたいという理想があり、どうすればその理想を現実化できるか考え、それに従って部下を動かすリーダーシップがあるかどうかなのであって、与件ではないのである。

経団連の会長には、その代表として政府にどんどん文句をいって改善を促すことはいいとしても、その一方で、自分が会長を務める住友化学の業績を上げて、この環境でも十分戦えるということを証明し、戦意喪失している他の企業に見せつけるのが、その重要な役目であると申し上げたい。難しいことではあろうが、それが経団連の会長、会社としての役目であると思う。

三六〇度評価は無用

スピード、判断力、分析力、実行力、常識、倫理観、諦めない心……思いつくままにリーダーの資質を挙げていくと、いずれも暗黙知に属するということがよくわかる。つまり、教えられないことばかりだ。

長くGEのCEOを務め、二十世紀最高の経営者のひとりと称されているジャック・ウェルチは、リーダーの条件に次の「四つのE」を挙げている。

1、Ｅｎｅｒｇｙ　仕事を成し遂げる情熱の持ち主
2、Ｅｎｅｒｇｉｚｅ　組織を活性化できる
3、Ｅｄｇｅ　厳しさをもち、困難な決断ができる
4、Ｅｘｅｃｕｔｅ　実行力

これらもすべて暗黙知だから、自ら学ぼうとしない人には絶対に身につかない能力である。

また、リーダーは完全な人格者で尊敬されなければならないとか、組織でリーダーシップを発揮するには、部下から好かれる必要があるとか思っている人もいるようだが、それは大きな間違いだ。

アップルの創設者であるスティーブ・ジョブズは、傲岸不遜で気難しく、きわめて独善的だったといわれている。そんな上司の下で働く部下たちは、さぞ気苦労が絶えなかっただろう。

だが、iPhoneやiPadといった話題の商品を次々と世に送り出して、一時期低迷していた

アップルを世界有数の企業に引き上げた彼の経営者としての評価は、最高点だといっても過言ではない。消費者としても、私もその製品を大いにエンジョイさせてもらっている。

恐らくアップルの社員はみな、直接被害を受けた人であっても、ジョブズのことを誇りに思い、彼の下で働けた自分の幸運を神様に感謝しているはずだ。

これこそが真のリーダーの姿なのである。たとえメンバーにとって好ましくないような性格の人間であったとしても、組織に大きな利益をもたらす最善の判断ができるなら、部下はその人をリーダーとして認めるし、尊敬もするのである。

逆に、ものごとがなかなか決められなかったり、しばしば誤った選択をしたりするようなら、どんなにいい人と思われても部下はついてきてくれない。

日本の会社では、よく三六〇度評価ということがいわれるが、ことリーダーに関しては、三六〇度評価は重要ではないと思っている。

もっとはっきりいうなら、そんなものは無用だ。

部下に好かれようなどと余計なことを考えていたら、肝心の判断軸がぶれてしまう。リーダーの評価は結果がすべてなのである。

「徹底できるか」が第一歩

「はじめに」にも書いたとおり、リーダーには何より徹底度が肝心である。

会社の廊下にゴミが落ちていたとしよう。

近くに部下がいるが気がついていないようだ。そういえば、たしか以前も同じ場所にゴミがあった。さて、あなたが上司ならどうするか。

「おい、そこにゴミがあるから、拾って捨てておけ」と部下に命じる。

悪くはないが、これで終わりでは、リーダーとしては合格点はあげられない。私なら、部下にそう言ったあとにこう続ける。

「時々この場所にゴミが落ちているようだが、考えられる原因と対策を紙にまとめて、今日の午後五時までに私のところに提出するよう総務部に伝えてくれ」

そして、総務部からの報告はこうだったとする。

「この場所は食堂に通じているので、昼食後に社員が食堂からオフィスに戻るときに、飲料の紙パックの蓋やストローの袋などが落ちるのだと思われます。とりあえずその旨を社員に告知して、注意を喚起します」

しかし、これではまだ甘い。そこで、総務に対し、告知だけでなく、パートの掃除担当者を昼食時間の直後にも巡回させるよう指示を出す。これで完璧になるはずだ。

たかがゴミひとつに何もそこまでと思うかもしれないが、こういうことを徹底できるかどうかにこそ、会社の実力は現れるのである。

東日本大震災で福島第一原子力発電所が深刻な事故を引き起こした東京電力は、地震の規模やその後に起こった津波の高さが想定外だったことを事故原因に挙げているが、私にいわせれば想定外のことが起こる会社の体質こそが問題なのだ。

普段から細部まできちんと目配りし、問題を見つけたら徹底的に対処するようにしているなら、想定外のことなどそうそう起こるはずがないのである。いや、想定外の事態など、そもそもは絶対に起こしてはいけないのである。

バケツの穴はどんなに小さくても見つけたらすぐにふさぐということを、リーダーは肝に銘じなければならない。

さらに、「徹底することが大事」だという私の文章を読んで、そのとおりだと思ったら、すぐに今日から実行できる行動力、これもリーダーにとっては不可欠だ。

ためらわずどんどん真似よ

真似をするのは恥ではない。私はトリンプ時代、社員にＴＴＰを推奨してきた。ＴＴＰとは「徹底的にパクる」という意味である。

自分で考えたことだろうが、他人の真似だろうが、いいことはすぐに取り入れたほうがいいに決まっている。

ただし、ＴＴＰの対象は、形ではなくあくまで本質だ。ここを間違えてはいけない。まったく同じようにやったとしても、環境や条件が異なれば、結果も当然違ってくる。

自分たちにふさわしいやり方にアレンジして実行すべきなのである。その手間を惜しんで形だけコピーしても、効果が出ないどころか逆にマイナスにもなりかねない。

私はトリンプの社長に就任した当初、取引先であるしまむらの藤原秀次郎社長（当時）

のところにたびたび足を運んでは、経営に関しいろいろなことを教えてもらっていた。

藤原氏はオープンな方で、何をきいても嫌な顔ひとつせず教えてくれる。あまりに親切なので、あるとき失礼にもこんなことをきいてしまった。

「私のような外部の人間に、自分が会社でやっていることを無防備に教えてしまうと、真似されて自分が不利になるとは考えないのですか?」

そのときの藤原氏の答えがこれだ。

「大丈夫ですよ、吉越さん。教わったってそう簡単に同じことはできませんから」

そうなのである。

私がトリンプでやっていた早朝会議にも、当時長野県知事だった田中康夫氏をはじめ、千人近い人たちが見学に訪れた。ほとんどの人は自分のところでもさっそく始めるといって帰っていくが、あとで調査してみると実際に活用しているケースはほんのわずかだった。残業ゼロも同様である。

そのときは簡単そうにみえてもいざ導入しようとすると、社員の抵抗など乗り越えなければならないハードルがいくつもあって、なかなか実現にまでこぎつけられず、そのうち諦めてしまうのである。

まったく同じことをやろうと頑張ることはない。自分の会社にふさわしいやり方を模索し、見つかったらそれを徹底的にやる。頑張るのはそこだ。

正解はトップダウン

よく組織運営はトップダウンがいいか、それともボトムアップかという議論があるが、話し合うまでもない、正解はトップダウンだ。

リーダーに自ら決めたという当事者意識があるからこそ、最後まで責任をもってやり抜こうという気持ちが湧いてくるのである。

ちなみに、ボトムアップというのはフォロアーシップのことで、リーダーの指示に従うべき部下はこれでいいが、リーダーがこのスタンスでは組織は機能しない。

リーダーが正しい判断をし、それを部下に伝え、部下がそれを忠実に実行する。これが健全な組織のあり方だといっていいだろう。そのためにはリーダーのところに、判断に必要な情報がそろっていなければならない。要求するのはリーダーだし、そろえるのはもちろん部下の役目だ。

楽天の三木谷浩史氏は、気になることがあるとすぐに「明日の朝までにこれを調べてもってこい」と部下に命じるというが、これこそがリーダーの正しい姿勢だ。部下に遠慮して、データが不十分なまま決断を下すようなことをすれば、組織を誤った方向に導きかねない。

だから、リーダーは厳しくなければならないのである。ジャック・ウェルチがリーダーの条件のひとつにＥｄｇｅ（厳しさ）を挙げているのは、そういうことなのである。仲良しクラブではダメなのだ。

だから、会社というのは緊張で空気がピンと張りつめていて当たり前なのである。もしリーダーが「和気あいあい」や「家族的雰囲気」のようなものを職場に求めているようなら、その組織は危ういといわざるを得ない。ただしもちろん、時間外の時にそういった雰囲気がつくれたら最高であることはいうまでもない。

また、東京電力のように、緊急時に迅速かつ的確な対応ができない組織の原因に縦割りの組織であることを挙げる人がいるが、それは違うのではないだろうか。だいたい組織というのは、どこの国でも縦割りなのである。横割りの組織など見たことも聞いたこともない。

なぜ縦割りなのかといったら、組織とは扇子みたいなもので、頂点にある要が組織を束ね、トップダウンでものごとを進めるからだ。

現場のことまでちゃんとわかっているリーダーがトップダウンで指示を出し、部下はボトムアップでそれを確実に実行する。これが各部門でできていれば、組織が機能しないということはないはずなのである。

問題が発生するとすれば、部門や部署のリーダーが組織の全体最適よりも自分たちの利益、つまり部門最適を優先しがちになるところだ。

日本の会社や省庁は、この傾向が非常に強い。木だけでなく森もちゃんと見られるリーダーが、それだけ日本には少ないのである。

そして、そういう人がそのまま企業のトップになると、どこかの電力会社の会長のように、自分たちには値上げをする権利があるというようなことを、平気で口にするようになるのだ。

また、縦割り組織だと、部門と部門の間に発生した問題がなおざりにされるという指摘もあるが、これも各部門のリーダーが全体最適を考えているなら、となりの部門と話し合って解決するというような行動を当然とるだろうから、本来なら心配は要らない。組織を束ねる要であるリーダーの力が発揮されるところでもある。

事実、日産のゴーン社長は、売上が当時日産よりも少なかったルノーからやってきてあっという間に社員の意識改革を行い、部門間の風通しをよくし、社内からセクショナリズムを一掃してしまったのはご存知のとおりである。

上に立つリーダーに力があれば、こんなことはわけないのである。

日本の会社でよく見かける「いらないもの」

組織の進むべき正しい方向を判断し、その方向にメンバーの力を向け、結果を出すのがリーダーの仕事である。

そして、結果を出すためには、邪魔や足かせになる無駄なものは極力排除しなければならない。残念ながら日本の会社には、そういう無駄が山のようにある。

ここで一度それらをまとめておこう。

①　ワイガヤ

「仕事は大部屋でやるもの。電話の音や話し声が絶えない職場は活気があっていい」

これはまったくの間違いである。たしかにそういう職場にいれば、仕事をやった気にはなるが、実際は仕事に関係ないことに費やされる時間のほうが多く、きわめて非生産的だ。

だいたい、今日自分のやるべき仕事があらかじめ決まっていれば、となりの人と話す必要はないはずである。そうでないから、大部屋にいて、あらゆる仕事をお互いにチェックしながら先に進めていくことになるのだ。

つまり、上司が部下に職務分業を明確にした上でちゃんと仕事を与えているなら、大部屋のワイガヤはなくなるはずなのである。

だから、もしも可能なら全員が個室で働くことを勧めるのだ。そうすることによって逆に職務分業も明確になるはずである。私は、これが理想のオフィスであり、これ以上に能率の上がる環境はないと思っている。これは将来、さらにネット化が進んだ時に、自宅での勤務を可能とすることにもつながってくる。

逆に、役員にはあえて一人ひとり個室を与える必然性などない。むしろ役員こそ大部屋に入れて、できれば外からカギをかけてでも、就業時間中は勝手に出てこられないようにしたらどうか。

これなら、暇な役員が思いつきで現場に口出しすることもなくなるし、会社にとっては役員同士が親しくなる効果は大きい。ひいては会社の生産性がさらに上がること間違いなしだ。

② 残業

仕事の密度を下げ、社員から体力を奪う残業は、百害あって一利なしだといい続けてきているにもかかわらず、いまだに日本から残業が大きく減っていかないのは腹立たしいかぎりだ。

仕事とは本来、定時内の働きを競うものなのである。それで初めて会社のすべてのギヤーがうまく入り、業績がさらに上がっていくスパイラルに入れるのである。

たとえ今、好業績が上がっている会社でも、社員の残業が常態化しているようなら、早く手を打たないといけない。そんな会社の経営が正しいはずがないし、長く高業績が続くはずはない。

社員に長時間の残業、ましてやサービス残業を強いなければ業績を維持できないような経営者や部長は、世界では無能であるという誹りを免れない。

それは単に社員に残業を強制するのが悪いというよりも、そういった仕方でしか業績を上げられない能力の問題と見られるからだ。

また、残業を黙って受け入れている社員のほうにも問題がある。長年家庭を犠牲にしてきたツケは、必ず定年後に回ってくることを覚悟したほうがいい。

残業をなくすのは簡単だ。今日からうちは残業ゼロだと、リーダーが腹を括ればいいのである。

「そんなことをしたら売上が心配だ」

それをやる勇気がない経営者やリーダーほど、そうやって言い訳をする。強烈なリーダーシップを発揮して、残業ゼロを実現した会社は、売上が下がるどころかみな好業績を上げているというのに、いつまでも言い訳していていいのだろうか。

③ プロセス重視

先日、経済誌のインタビューに、ある企業の元社長が、「結果だけをみてプロセスを問わないようでは人は育たない」と答えていたが、こんな戯言を信じてはいけない。ビジネスは結果がすべて。これは世界の共通認識なのである。

結果は出ていないけれど、彼も頑張っていたからその部分は評価してあげよう――これは、全員が手をつないでゴールインするという小学校の運動会と考え方は一緒だ。誰も傷つかない代わりに、誰よりも速く走ってヒーローになってやるというたくましさや野性味をもった人間はそこからは育たない。

こういう考え方の蔓延こそが日本人を劣化させているということを、リーダーが気づかずにどうするのだ。

④　パワーポイント

社内会議で、部下がパワーポイントを使って説明し始めたら、私なら烈火のごとく怒る。当然だ。会社はそんな無駄なことのために社員に給料を払っているのではない。なぜなら、パワーポイントでプレゼンをしても生産性そのものは一切上がらないからだ。

本当に時間をかけなければならないのは、複雑に絡まった事実を整理して問題の本質を突きとめたり、自分の考えを論理的に説明したりすることであって、パソコンに向かいきれいな表やグラフをつくるなどという作業ではないはずだ。

社内会議でも見やすさが大切なシーンもたしかにあるだろうが、それだけの時間をかける価値はない。もしパワーポイントで「生産性が上がった」具体的な事例があるなら、ぜひ私に教えてほしい。

⑤　会議

日本の会社には意味のない会議が多い。しかし、だからといって会議はなくしたほうがいいという意見には、いささか賛成しかねる。というのも、会議というのは正しく行えば、会社の業績を上げるのに間違いなくプラスに働くからだ。

何も考えずただ集まって、そこで初めて議題を確認し、思ったことを言い合う。こんな会議ならたしかに時間の無駄だからやらないほうがいい。

一方、私がトリンプでやっていたのは、デッドラインを決めるための会議だ。

発表者は問題を持ち込んで、さあどうしましょうと参加者に意見を聞くのではなく、課題に対しこう対処するという結論まで、あらかじめ自ら考えて決めてこなければならない。

会議ではそれに対し是か非かが判定され、是なら誰がいつまでにそれをやる、非であれば修正案をいつ提出するというようにデッドラインが決まる。

だから、会議をやればやるほどデッドラインが増え、社員はやるべきことが増えるのだ。

ただし、あまりデッドラインが増えすぎると今度はフォローしきれなくなってしまう。

特に、デッドラインの導入時には注意が肝心だ。どこに限度を定めるかはリーダーの役目である。

リーダーシップを身につける意義

第1章では、リーダーを目指そうとする人にまず意識してほしいことをまとめた。冒頭から述べているとおり、これからの日本が世界で闘うためにはリーダーシップが不可欠であり、リーダーとして自分を成長させようという思いで本書を手にとっていただいたことはとても嬉しいことである。

しかしここでもう一点、第2章以降を読んでいただくにあたって意識してもらえるといいことを記しておきたい。

それは、リーダーシップを身につけることは、他でもない自分のためになる、ということだ。

リーダーシップを発揮して部下をまとめあげ、結果を出すチームを作ることは当然いいことだ。それが会社のためになり、ひいては社会のためにもなっていく。

しかし私は、リーダーシップというものは、これからの時代を生き抜いてゆくための強力な武器になると考えているのである。

リーダーシップを身につけるためには、これまでにないほど自分に厳しくすることが求められる。徹底的に甘えを排さなければ、リーダーにはなれない。

仕事の面ではもちろん、リーダーに必要な倫理観を磨いたり、人に対するコミュニケーションのとり方を上達させたりと、複数の面でやるべきことがある。

一朝一夕には不可能なことであるが、不断の努力を続け、リーダーシップを体得できた日には、あなたはこれまでのあなたと比べものにならないほどたくましくなり、その手で成し遂げられることははるかに増えているだろう。

リーダーシップを身につけることの意義は、なにも千人万人を束ねるためではない。

これから先、目にもとまらぬ速さで変化してゆく時代において、資格の三つや四つもっていたところで、なににもならないといってはいいすぎかもしれないが、そんなものはあるひとつの出来事を機に丸っきり使えなくなったりもするだろう。

リーダーシップは違う。自己研鑽を積み、自らに厳しくすることを覚えて、人を統率し結果を出すことのできる力は、どんな時代、どんな場所でも求められる力だ。

自分が力強く生きていくために、リーダーシップほど役立つ力はないのである。

コラム　リーダーに英語は必須

各章末のコラムには、本文には載せきれなかった、グローバルの視点から見た日本のリーダーシップについて書いている。

はっきりいって私は、世界のライバルと比べて日本のリーダーシップははるかにお粗末だと思っている。だからコラムは、本文にも増してキツい内容になっているのだが、これからのリーダーが読んで、なかのひとりでも刺激を受けてくれたら幸いである。


楽天やユニクロが数年前に、社内の公用語を英語にして話題になったが、それに続く会社が続々と出てきているという話は寡聞にして存じ上げない。だが、企業が社員の英語力を重視するのは、この時代、当然だといっていいだろう。

そもそも、現在世界の人口は約七十億人、このうち日本語が通じるのはわずか一億三千万人弱。つまり、日本語というのは世界のわずか二％弱の人たちだけの間で通じる、いわば方言なのである。日本における方言がここ数十年でどうなったかは言うまでもない。

グローバル化とは、方言などさえも怒涛のごとく押し流していってしまうものだと思う。文化面での話は別にしても、仕事面では覚悟をしておかねばならない。

さらに、この先日本は少子化の影響で、人口がどんどん減っていく。そうすると、今は外国相手に商売をやっている会社ではなくても、縮小していく国内市場のなかでは先が見えないということで、今後は外国に進出しないとやっていけなくなるかもしれない。そうなったら当然、社内の会話に英語が入り込んでくることになる。

まあ、日本で日本人どうしが話をするときまで英語を使うというのは、少々やりすぎのような気もしないでもないが、会議にひとりでも外国人が入ったら、そこにいる全員が英語に切り替えるというのは、世界では常識だ。それは私が香港で勤務した三十年前に既に経験したことであり、英語で自由に話せなければお話にならないことになる。

とくにリーダーは、外国人の部下に対してもリーダーシップを発揮することを求められるようになるのは避けられないから、英語力は必須だと思って、いまから身につけておいたほうが絶対いい。

それに英語が使いこなせると、人との出会いや仕事のチャンスも広がって、人生が豊かになる。ＩＴの発展でこれだけ世界の情報がとりやすくなったいま、英語を使えないことがどれだけの損を生んでいるか、考えてみればわかるだろう。


英語を習得するには、恥をかくことを恐れないで、どんどん外国人に話しかけることがいちばんだ。それから、一緒にロジカルシンキングも鍛えると英語の上達も早まる。なぜなら英語というのは日本語と違って、非常にロジカルな言語だからだ。日本人がロジカルシンキングに弱いことについては、ここで改めて書くまでもないだろう。残念ながら、世界でもそのような認識で見られている。

ただし、だからといって日本人の情緒的な部分を切り捨てろといっているのではない。

人を動かすには義理、人情、浪花節の「GNN」も、時には重要な働きをする。ロジカルに考えることができて、情緒も理解する「和魂洋才」のリーダー。これが、私の理想とする日本人のリーダー像だ。

第2章

有能と無能の境界線

休暇をとれない人は無能

日本のリーダーにまず払拭してほしい誤解がある。

それは、「リーダーは休みがとれない」という迷信だ。「リーダーは忙しくて当然」「誰よりも働いて当然」ということはあるにしても、休みがとれないのは力量の問題である。

トリンプでは、課長以上はいかなる理由があっても、毎年二週間連続の休暇をとらなければいけないということにしていた。これを守らないと罰として翌年は、長期休暇が一日もなくなる。

あるとき、前年に長期休暇を取得していないにもかかわらず、休みの申請をしている課長がいたので、「昨年休みをとっていないから、今年はなしだ」と一喝すると、「去年は一昨年のペナルティーで休めなかったのに、それでまた今年休めないなら、僕はこの会社では永久に長期休暇はとれないのですか」と文句をいわれたことがあった。それはこちらのミスだから大笑いして謝ったが、そのくらいシビアに休暇取得を求めていた。

二週間くらい、フランス人なら黙っていても勝手に休むが、日本人にとっては休むのもひと苦労のようで、最初のころはある課長の奥さんが、「うちの主人は会社の命令で休暇をとっているのです。決してクビになったわけではありません」と近所に説明して回ったという話をきいたこともある。中には、無理して休むのだから代わりに特別手当を出してほしい、と筋違いの要求をしてくる人がいたこともあった。

残業ゼロもそうだが、仕事というのは本来、就業時間内のパフォーマンスで競い合うものなのだ。働く時間が決まっているからこそ、効率を上げる知恵や工夫が出てくるのだし、個人の能力がストレッチされるのである。

休むべきときまで休まず働いてそれで勝っても、そんなのは反則勝ちのようなものだし、本来の実力を伸ばしたわけでもないので、誰からも尊敬されることではない。

それに、休まないと疲労が蓄積して能率は確実に落ちる。実際、長期休暇明けはアイデアがどんどん出るし、頭の回転も速くて仕事がウソみたいにはかどる。それは、裏を返せば日ごろそれだけ疲労やストレスが蓄積しているという証拠だ。

そして、日本人に多い理由の一つが、休みたくても仕事が忙しくて休めないというケース。これは、その人が仕事をひとりで抱え込んでいるケースが多い。

トリンプでも、社員から、自分たちの課の課長には二度と長期休暇をとらせないでくれといわれたことがあった。その課では課長が二週間もいなくなったら、仕事が回らなくなってしまったというのである。

それはつまり、この課長は部下を信用して仕事を任せることができていないということだし、情報の共有化もできていないことにほかならない。これでは部下はこの課長の下にいるかぎり、いつまで経っても仕事ができるようにならないだろう。

究極的に、この課長は、部下のいない専任課長として働いてもらうことになった。

部下を育てるのもリーダーの重要な仕事である。それをしないで、なんでもかんでも自分で処理しないと気がすまず、年中忙しい、休みがとれないといっている人は、リーダーとしての能力がないのである。

最強ツール、デッドライン

ここで、自分で仕事を抱えこんで忙しいとぼやいているリーダーに素敵なツールを紹介したい。本書にも繰り返し登場する「デッドライン」である。私はこのデッドラインで、残業ゼロを達成した。

デッドラインとはその言葉どおり、締め切りのことだ。たかが締め切り、されど締め切りである。何があっても絶対に守る期限としてデッドラインを浸透させると、部下は悲鳴を上げることになるかもしれないが、きちんと結果を出す組織ができてくる。

デッドラインを徹底させると何がいいかといえば、それは悪者が、仕事にスピードを要求するリーダーではなく、デッドラインになることだ。

「早くやれ」「ぐずぐずするな」と始終声を荒らげるよりも、はるかに楽で、なおかつ部下の恨みもリーダーその人ではなく「あと三日」「あと一日」「あと二時間」と迫り来るデッドラインに、自然に向くようになるのである。

リーダーとなったら、ありとあらゆる課題に担当者を決め、デッドラインを付けて解決させる。

そうすると、部下はたちまち忙しくなるから、最初のうちは無理難題だと不満も出る。

だが心配は要らない。デッドラインに追い込まれた人の不満の矛先は、リーダーではなく必ずデッドラインに向かう。

指示を出したり急がせようとする時にも、いいにくく扱いにくい年上の部下をもつ場合にも、デッドラインは有効だ。

「これを三日後までにやってほしい」ではなく、「やっていただけますか」という丁寧な頼み方をすれば、それでいい。口調はソフトでも三日後という期限が決まっていて、相手はそのデッドラインに逆らうことができない。

それで、もし期限までに解決できなかったら、どこに問題があったのかを考えさせ、デッドラインを引き直すということを繰り返していけばいいのだ。

こんなに思いどおりに部下をコントロールできるツールはない。上司が強制しなければならないのは「デッドラインを守れ」ということだけなのである。

ちなみに、デッドラインは、年単位の長期計画など、緊急度が低い仕事ほど効果を発揮するということも覚えておくといいだろう。

自分のイメージなど気にするな

香港から日本のトリンプに転勤して間もないころ、他社で実績のある人が量販店担当の営業本部長として入社してきた。その彼が朝礼で社員に紹介されたときのことだ。

社員が固唾を呑んでシーンとした中で、挨拶に立った彼は何を思ったのか、一言も発せず奥に引っ込んでしまった。なんでも自分が登場したとき拍手がなかったのが気に入らなかったらしい。

そこで、それをきいた司会者が社員に、彼が登場したら拍手で迎えるよう伝えたので、二度目の登場では部屋中から拍手が湧き起こった。それでようやく彼は満足そうに話し始めたのだが、残念ながら彼が何を話したか、いまとなってはまったく覚えていない。

ついでにいえば、意気揚々と臨んだトリンプでの仕事の成果も、私にはほとんど思い出せないのである。彼は最初の挨拶のとき以上のインパクトを仕事で与えることは、ついぞできなかったのだ。

それから、こんな話もある。外部から来て、私の知り合いのいる会社の社長になった人が、やはり就任の挨拶が原因で社員から総スカンを食ってしまったそうなのだ。

問題は話の内容ではなく、その長さにあった。なんと一時間以上も熱心に話し続けたということだ。しかも、その間社員はずっと起立したままだったのである。それで、今度の社長は非常識だということになり、新社長を歓迎するムードは一気に冷めてしまったと聞く。

私は、どちらの人の気持ちもわからなくはない。拍手がないと文句をいった営業本部長は、自分は拍手をされるだけの実力をもった人間であることを、最初に社員にアピールしておきたかったのだろう。

そこにいる社員のことに気が回らず話を続けた新社長は、自分の並々ならぬ意気込みを伝えれば、社員の心を惹きつけられると考えたに違いない。だが、結果として両人とも、狙いが外れ逆効果となってしまった。

そもそも、第一印象で自分は素晴らしいリーダーであるというイメージを植え付けようというのが、私にいわせれば間違いなのである。

そのリーダーに従うことで成果が出たという経験を実際に何度もして、ようやく部下は彼を有能だと認め、リーダーとして評価するのだ。だから、そうなるまでにはかなりの時間がかかることを、リーダーになる人は覚悟しなければならない。つまり、どんな第一印象を与えるかということに神経を使っても、あまり意味がないのである。

しかも、この二人のように最初から肩に力が入りすぎていると、ゼロどころかマイナスからのスタートになってしまいかねない。お手並み拝見という日で見られるならまだいいが、いきなり反感をもたれたら、かなり厳しい船出を強いられることになる。

情報はトップに集めろ

私が香港からトリンプ・インターナショナル・ジャパンにマーケティング本部長として異動してきたばかりのことだ。

経営会議に向かう廊下で一緒になった物流部門の本部長から雑談ついでに、ある商品のバーゲン在庫がだぶついて困っているという話をきかされた。

それはすぐに処理をしないと、あとでたいへんなことになる。そう思った私は会議で、

「○○商品の××サイズの在庫の積み残しがずいぶん増えているようなので、何か対策を考えたほうがいいのではないでしょうか」

と提案した。

すると、どういうわけかそれをきいた当時の副社長が、

「そんな事実はない。いったい何を根拠にそんなことをいうのだ」

と怒りはじめた。私は情報が伝わっていないのだと思って、先ほどこの事実を教えてくれた本部長に説明を促すと、あろうことか彼は「私はそんなことはいっていない」としらをきるではないか。おかげで私のほうが、いい加減なことをいう人間だということになってしまった。

その本部長は、会議が終わって副社長がいなくなると、すぐに私のところにやってきて、「申し訳なかった。でも、あそこで明らかにするのはまずい」と言い訳を始めたが、私は怒りが収まらなかった。

それからいろいろ調べてみると、在庫管理が実にいい加減だということがわかってきた。本当なら商品のサイズごとに在庫状況や売れ行き、回転率などが正確にわかっていな

ければならないのに、その当時に導入されていたコンピュータ・ソフトが古いこともあって、サイズごとの状況がまるで把握できていないのだ。

もちろん現場の人間は、売れない商品が目の前で山積みになっていれば当然わかる。しかし、先ほどの会議のように、悪い情報は上に隠しておくというのが習慣化してしまっていた。

そのころのトリンプは、売上が伸びずに赤字が続いていたが、悪い情報は上に知らせず隠ぺいするようなことが常態化しているようでは、それも無理はない。

そこで、この腐った体質を自分のマーケティング部門だけでも変えようとまず始めたのが部内の早朝会議だ。そこで現在の問題点と、その問題を解決するためになすべきことを明らかにして、全員でそれを共有するのである。

これによって、部内では隠し事ができなくなった。さらにこの早朝会議を他部門にも広げることによって、社内から隠ぺい体質を一掃したのである。

ただ、これをするにあたっては社内から猛烈な反発があった。それがよくないことだと頭ではわかっていても、それを改めるために厳しくされるのは誰だって嫌なのだ。

だが、そんなことをいっていたらいつまで経っても変革はできない。リーダーの役目は組織の利益を最大化することであって、私個人が部下に好かれることではないのである。

東日本大震災後の政府や東京電力の対応をみていたら、私が香港から日本に来たばかりのときの、あの会議の記憶がふとよみがえってきた。

たぶん政府も東京電力も、悪い情報をトップに上げたり、情報を共有したりするということができない組織なのだろう。

それは、そういう組織を改革できるリーダーが、これまでいなかったということでもある。

部下の人間的成長にまで手を貸さなくていい

管理職のリーダーシップについて書かれた本を読むと、上司の役目として「部下の成長に責任をもつ」「部下が自己実現できる機会を積極的に用意する」などが挙げられている。

こんなのは嘘だ。

部下にはデッドラインを付けて仕事を与え、その結果を見て評価を下す。これが上司の立場であり、役割である。簡単にいうと、それ以外は余計なことなのである。

仕事を与える際は、部下が会社に損害を与えるような致命的なミスをしないよう、着地点とそこに向かう進め方を確認、その部下の能力に合わせた頻度でデッドラインをひいてチェックを入れていくべきだが、あとはできるだけ部下の自由にやらせればいい。もちろん、報連相も不要だ。

部下は当然何度も失敗するだろう。だが手を貸す必要はない。なぜならたとえ未熟だとはいえ、給料をもらって仕事をしているかぎり、彼だってプロの一員だからだ。プロなら石にかじりついても結果を出さなければならないし、それができないなら潔くプロの看板を下ろすべきなのである。給与を返上すれば、アマになれるのだ。

だから、失敗したらそこで誰かを頼るのではなく、なぜ失敗したか自分で考え、自分の力で乗り越えろと、上司は部下にいえばいい。

そして、この自分の力でやりきったという経験が自信を生み、成長につながるのである。逆に、上司が手取り足取り指導したり、先回りして失敗を回避させたりしたら、それはせっかくの部下の成長機会を奪うだけだ。つまり、そういうのはダメな上司なのである。

ところが、どうも日本の会社にはこの手の、やたらと世話を焼きたがるダメ上司が蔓延しているようで、まったく嘆かわしいことこのうえない。

別のところで、六本木ヒルズのエスカレーターの前には、「駆け込まない、歩かない」「黄色い線内にお立ちください」といった利用者に向けたお節介な注意書きが七項目も掲示されているという話をしたが、気をつけてみると日本というのは、このような注意書きだらけなのである。

ある公園の入り口には、「公共空地ご利用に際しての禁止事項」が十九項目、「ペットをお連れのお客様へ」という対象を限定した禁止事項が五項目、お願い事項が三項目も書かれていた。私は思わずiPhoneで写真を撮ってしまったのだが、ちょっと冷静に考えてみたら誰しも異常だと思わないだろうか。

空港でも鉄道の駅でも、日本のエスカレーターはどこの国よりもスピードが遅い。利便性よりも安全重視ということなのだろうが、私は大のおとながあの遅さに、なぜフラストレーションを感じないのか不思議でならない。

もちろん、遅いと感じる人は東京では右側をどんどん歩いて上っていく。しかしその脇に「危険なので、エスカレーターの上では歩かないでください」と注意書きがあることもご存知のとおりだ。

海外では、基本は自己責任だ。

世界遺産にも登録されているアメリカのグランドキャニオンには手すりがないが、危険だから手すりを設置すべきだという意見は出ない。大自然のつくりあげた雄大な景観を楽しみたい人は、危険を承知でそこを訪れる、危ないと思うなら最初から行かなければいいのである。

このように、海外では何をするにも自己責任が基本。なぜか日本だけが、まるで幼稚園児を相手にしているかのような超過保護社会なのだ。

私はこういう環境がダメ上司を生み、また部下のほうも、仕事を教えてもらうのが当然、成長させてくれるのがいい会社、という意識を生んでいると考える。

エスカレーター前や公園の注意書きは、一見利用者のためを思っているようだが、そこには何かあったとき責任をとりたくないという管理者の姿勢も透けて見える。

部下にすぐ口を出す上司も一緒だ。部下が失敗して自分に災禍が及ぶのを避けたいだけなのではないのか。

本当に部下の成長を考えているなら、たとえあとで多少は面倒なことになろうと、部下には好きにやらせるべきなのである。

プロセスをほめない

結果を出すために必死で努力する。これはプロのビジネスパーソンとして当然のことだ。

では、努力したにもかかわらず、周囲の期待に沿う結果が出せなかった部下を、上司はどのように評価すればよいだろうか。

結果はともかく彼の努力は称賛に値すると、努力したことをほめる。日本の会社にはこういう〝人情味のある〟上司が多いが、私は違和感を覚えずにはいられない。

考えてもみてほしい。いくらまじめで熱心に働いていても、それだけでは市場における競争には勝てないのである。あそこの会社は社員がみんな一生懸命だから、商品はよくないけれど買ってあげようなどというお客さんは、極端に少ないのだ。たとえあったとしても、それだけでは長続きしない。

ビジネスは結果がすべてである。だから上司が重視するのは、あくまで結果。どんなに頑張っても結果を出せなければ、私ならそんな部下は評価しない。プロセスまで評価の対象にするような甘いことをしていたら、強い組織をつくることなどできはしないのだ。

私のこの考え方は、会社を家族と考えるような従来の日本的経営には、うまく馴染まないかもしれない。だが、外資系企業で長く働いてきた私にしてみれば、こちらのほうがスタンダードなのである。たとえば、私の後任の社長は、業績低迷が理由でわずか三年で解雇されてしまったが、こんなことは欧米では日常茶飯事なのだ。

それに、もし上司が部下の努力をほめたら、その部下は頑張っていればほめられると勘違いしてしまう。これでは必ず結果を出さなければならないという仕事の鉄則を、いつまで経っても覚えることができない。

また、仕事というのはプロセスが間違っていなければ、必ず結果に結びつくものなのである。それなのに、「あいつは頑張っているし、やり方も正しいからまあいいだろう」と、自分で結果を出すところまでやらせなかったら、部下は仕事に必要な粘り強さやたくましさを、いったいいつどこで身につければいいのだ。

このように、プロセスを評価したりほめたりする上司の下では、仕事のできる部下は育たないのである。

ちなみに上司がプロセスを評価の対象とする職場では、残業が多くなりがちだ。遅くまで会社にいれば仕事をやっているように見えるというわけだ。つまり、残業をしているという事実だけが一人歩きして、評価されてしまうということになる。

それから、結果を評価するにしても、安易に報酬を与えるのはあまりいいことではない。アメリカ陸軍士官学校、通称ウエスト・ポイントでも、リーダーが部下に軽々しくほうびを出すことは、部下がせっかくやり遂げた仕事の価値を軽んじることになるし、部下がほうび目当ての仕事の仕方をするようにもなりかねないという理由で、よくないこととされている。

だいたいリーダーから命じられた仕事に対し、きちんと結果を出すのは、部下として当然のことなのだ。だから、任務を遂行した部下を評価するのはいいが、いちいちほめたりほうびをやったりする必要はないのである。

そうはいっても、結果を出すまでには並々ならぬ努力をしているというのに、誰もほめてくれないというのでは、そのうち部下もやる気をなくしてしまうのではないか。そんな心配にはこう答えよう。

仕事の達成感こそ、最高の報酬なのだ。

困難な仕事を成し遂げたとき、自己の内面から湧き出てくる、「自分はやった、私にもできたのだ」という気持ちに勝る報酬はないのである。そして、一度この達成感を味わった人は、二度、三度と求めずにはいられなくなる。それが仕事のモチベーションになるのだ。

また、それだけの困難な仕事をやり遂げた時に、上司や周りの仲間から寄せられる、なまじっかでない心の底からの賞賛も、何にも変えがたいものである。

誰かからほめてもらわないとやる気にならないだろうというのは、部下を幼稚園児のようにみているからであって、私にいわせれば失礼千万である。

一人ひとりがより大きな内面的満足を得ようと困難に取り組んでいる組織は健全であり、個々の成長も速く、なにより強い。こんな組織と戦ったら、上司にほめられてようやく力を出すような、ひ弱な集団は、ひとたまりもないだろう。

部下の精神的ストレスなんて気にするな

部下に対してあまり厳しくすると、精神的にまいってしまうのではないか。耐えられないといって辞める人が続出したらどうするのだ。

こんな心配をしている人は、それだけでリーダー失格だ。

それぞれのメンバーがこれでもかというくらい能力を出し切って仕事をしなければ、厳しい競争には勝ち抜いていけないのである。それなのに、リーダーが部下に遠慮して、ストレスがたまらない範囲で頑張ってくれなどといっていたら、そんな会社はあっという間に淘汰されてしまう。何度もいうように、仲良しクラブではダメなのだ。

たしかに最近は、メンタルを病む人が昔に比べて増えてきているようだが、それは本当に仕事の厳しさが原因なのだろうか。これは一度考えてみるに値する問いである。

全力で取り組んで目に見える結果を出し、それを周囲からも認められて心を病むことなどあるだろうか。少なくとも取り組んだ目的に納得がいっていれば、そんなことはないはずだ。

厳しさでいえば、私がトリンプの社長時代は、それこそデッドラインを使って社員をかなり厳しく締め上げていた。部下の悲鳴は毎日のように聞いていた。しかし、それでメンタルに異常をきたした人は、ひとりもいなかった。

そのためには意図的に社内を明るくしていかないといけない。リーダーの条件の一つとしてよく挙げられるユーモアのセンスもそうであろうし、社内の情報の共有化、透明化も役立つはずだ。

部下のストレスを気にして仕事を減らすのではなく、どうやってストレスに対処していくかを部下に習ってもらうことも重要だ。こちらのほうがよほど生産的ではないだろうか。

さらにいえば、病気にならないようストレスにどう対処していくかということについては、気持ちの持ちようが重要なので、リーダーができることは少なく、部下が自分で考えなければいけないことでもある。

私からのアドバイスはただひとつ、よく寝ること。八時間寝ればたいていのストレスは吹き飛んでしまう。

上司にも部下にも十分な睡眠時間を確保してもらうというのも、私がトリンプで残業ゼロを徹底した理由のひとつだ。

対等に扱う、とはどういうことか

初めて部下をもつようになった人は、たいてい部下とどのように接したらいいか悩むという。

だが、上司も部下も立場が違うだけで、同じ人間であることに変わりはない。だから、部下の前では上司らしく振る舞おうなどと考える必要はなく、自分の人となりをちゃんと見せて、あとは公平公正を忘れず、そのうえでつきあっていけばいいのである。

消防団員には団長、副団長、分団長、副分団長、部長、班長、団員という階級があり、消火現場での役割が厳格に定められているが、日本の場合、消防署に戻ればみな一緒に同じ釜の飯を食べる。欧米ではまずそういうことはないようだ。

私は、これが日本の組織のいいところだと思っている。義理、人情、浪花節（私がいうところのGNN）を排除し、上司と部下の間に厳格な線を引いてしまったら、仲間意識や組織の一体感はなかなか生まれない。これは日本でビジネスをする場合、明らかにマイナスになる。

また、部下に仕事を命じるときも、相手は自分と同じ「自立した個」だという意識があれば、子どもを扱うようにああしろ、こうしろというい方は、自然としなくなるはずだ。デッドラインでステップごとにチェックを入れるにしても、やり方は部下に任せ、部下は結果で応える、こうでなければならない。

その過程で発生した小さな失敗は、部下に対処させればいい。それが部下の成長につながる。もし、部下ひとりではどうにもならないような大失敗をしてしまったら、そのときは部下を怒るより先に、まずは燃え上がった火を消すために部署や会社全体で緊急対策をつくり上げ、即実行に移す。

部下の責任に言及するのは、それが終わったあとの再発防止策を講じる段階だ。ただし、ここでも大事なのは原因究明であって、個人の叱責ではない。といっても、当事者の部下は、他の社員の前でどうしてこのような事態を招いたのか、細かいことまで根掘り葉掘りきかれ、自分の恥になるような答えにくいことも包み隠さず明らかにしなければならないので、当人にとっては傷口に塩をすり込まれるようなもので、上司に怒鳴られるよりつらいはずだ。

そして、同様な事態が他部署でも起こらないよう対策を施す横展開に続く。

どんなに注意をしても、人間のやることであるから、失敗の発生を完全になくすことはできない。重要なのはその失敗から会社が何を学ぶかであり、同じ失敗を繰り返さないことであって、失敗したこと自体を責めても意味はない。失敗した当人はその責任を十分に感じ反省しているはずだからだ。

ただし、失敗を隠すための嘘、事実の意図的な隠ぺい、本人の怠慢、これらは他のメンバーに対する裏切り行為だから、発覚したらもちろん怒るべきだし、場合によっては降格や減給などの厳しい処罰が必要だ。こういうものを許していたら、苦しくても必死で頑張っている他のメンバーの士気が下がってしまうから、当たり前である。

会社の役割は利益を上げること

そもそもリーダーは、なんのために組織ぐるみで働いているのかということをいま一度考えてみるべきだろう。

アメリカのスーパーメジャーのひとつである石油会社に勤めていた、フランス人の友人の口癖は、「会社は金儲けの機械（A company is a money making machine.）」であった。

私はそこまで割り切ることはできないが、それでも何のために会社は存在するのかといったら、やはりそれは利益を上げるためであることは間違いない。

そして、利益を最大化するのが企業のトップや各部門のリーダーに課せられた使命、そのリーダーのトップダウンの指示に、ボトムアップで応えるのが社員である。

このように、会社も社員も本来の目的や役割はとてもシンプルなものなのだ。

ところが、日本人はここにすぐ、社会貢献や自己実現のような余計なものを会社に持ち込みたがる。そんなことに力を入れれば、会社のパフォーマンスが落ちるのは当然だ。それに、目的と外れたことをやりながら勝てるほど市場は甘くない。

東日本大震災のあと、多くのビジネスマンが会社を休んだり、週末を利用したりして被災地にボランティアに出かけていった。震災直後の大混乱の中で困っている人を助けようという気持ちは尊いし、人手が足りないとき、そういう人たちの存在は本当に頼りになり、ありがたいはずだ。

だが、あまりに長期に渡ってボランティアにかかりきりになってくたびれ果て、会社に休憩しに来るようにでもなったら本末転倒だ。

仕事というのは毎日全力で取り組むものだ。手を抜いたり片手間ですませたりできるはずがないのである。

だから、正直にいえば、ボランティアと仕事の両立というのは、最初からそもそも無理があるのだ。そんなことをしていたら、結局どちらも中途半端な結果にならざるを得ないのである。だから、その種の応援は本当に必要とされるごく短い期間に限られるべきだと思っている。

その代わり、本業をよりしっかりやり、法律を守って、予算をはるかに超えて利益を出し、より多く納める税金で社会貢献するというのが、会社の真っ当な姿だと私は思っている。

それに会社がちゃんと利益を上げていないと景気もよくならないし、雇用も増えない。ましてや原資となる税金が増えない。それは、結果的に復興を遅らせることにもなるし、消費税をもっと上げていかざるをえないことになる。

最大の問題は、ボランティア活動のほうが自己満足度が高いというところだ。目の前の人に直接「ありがとう」と声をかけてもらえる。

しかし、被災した人たちにしてみれば、支援してくれる人の満足感よりも、一日でも早く街が復旧し、普通の生活に戻れることのほうが重要なのはいうまでもない。

だから、幸いにも被害に遭わなかった人は、被災して働けない人たちの分まで、頑張って自分の仕事をすることが、いちばんの社会貢献なのである。

ジョンソン・エンド・ジョンソンには、会社や社員の進むべき適切な方向を指し示す「我が信条（Our Credo）」があって、これには四つの責任が明記されている。世界のビジネス界では有名なものだ。

第一は、顧客に対する責任。

第二は、全社員に対する責任。

第三は、地域社会及び全世界に対する責任。

第四は、会社の株主に対する責任。

これをみてもわかるように、会社の優先順位はまず自分たちの顧客、それから社員、その次が社会、そして株主なのである。

もし営利企業なのに社会貢献を一番にもってきたり、株主を最上位に置いたりしたら、その会社はすぐに機能不全を起こしておかしくなってしまうだろう。

とくにリーダーは、この順番を間違えないよう常に心掛けるべきだ。

仕組みをつくりかえるパワー

経営者と政治家は目指すところが異なるので、同じ土俵でリーダーシップを論じるのはやや無理があるが、参考になることもある。

政治家は落選すればただの人だから、どうしても選挙に勝つということが行動原理にならざるを得ない。さらに、政権にいないと政策を実現することが難しいことから、当選したらしたで今度は与党になる、あるいは与党であり続けるにはどうしたらいいかが重要になってくる。

それは、総理大臣とて例外ではない。とくに、日本の総理はフランスの大統領のように直接的な国民投票で決まって絶対的な権限を与えられているわけではないので、いざというときリーダーシップを発揮できる能力があるかどうかはまったく重要視されていないし、その能力が発揮できる仕組みも整っていない。

いい例が、東日本大震災の際の菅直人総理（当時）。現場からの全面撤退をほのめかしたとする東京電力のところに総理自らが乗り込み、撤退はまかりならんと怒鳴りつけたり、ヘリコプターで現場に行って責任者と直接話したりしたことに対し、リーダーとしてふさわしくないという批判が噴出した。

もちろん、総理は官邸にいて、そこに情報が十分に集まって状況を分析でき、的確な指示を出せれば、それにこしたことはないと私も思う。

だが、そのおぞましいまでの緊急事態に対処できる組織も人材もなく、さらには現場の正確な情報が迅速に総理官邸に集まる仕組み自体がつくられていなかったことははっきりしている。

これでは、必要な情報は総理が自分で取りにいくよりほかにないではないか。総理が自ら足を運んだことによって、吉田所長と直接会い話すことができ、間違いなく物事がいい方向に進むのに寄与したものと私は確信している。

何においても、仕事の基本といわれる三現主義の「現場で、現実に、現物を」である。

ただしだからといって、それ以外の諸々の言動を見れば、菅氏にリーダーシップがあるということにはならない。それに、真のリーダーシップの持ち主が総理になったところで、いまの体制をそのままにしておくのではその能力を活かすことはできないだろう。

本来、政治というのは白紙に絵を描くのと同じなのだから、総理大臣のリーダーシップが機能するよう仕組みをつくりかえようと思ったら、できなければおかしい。要するに政治家にやる気がないのだ。

橋下徹大阪市長に人気が集まっているのは、その仕組みをつくりかえるだけの行動力を、彼がもっているからである。彼の魅力はずばり、ジャック・ウェルチの４ＥのうちのＥｎｅｒｇｉｚｅ＝周囲を巻き込んで活性化する力だ。

首相が公選制になれば、いまのところ橋下氏は総理大臣の最右翼だろう。そして、そうなれば彼には現状を壊し仕組みをつくりかえていくだけのパワーがある。そんな彼にぜひとも総理をやらせてみたいと思っているのは、私だけではないはずだ。

橋下氏のやり方を独裁的だと批判する声もあるようだが、仮にそうだとしても、それで組織が機能するようになるのなら別にいいではないか。やはり政治家としてふさわしくないとわかれば、次の選挙で落とせばいいだけの話だ。

政治家が率先し、リーダーシップが機能するような環境をととのえることが、まずは大切である。

現代は、リーダーシップを発揮する最高の舞台

冒頭からわが国のリーダー不在を憂え続けているが、それでは現代のビジネスパーソンにふさわしいリーダーの手本は誰だろうか。

真っ先に頭に浮かぶのは、本書にもたびたび登場するジャック・ウェルチとスティーブ・ジョブズだ。

ちなみに、ジャック・ウェルチはリーダーの評価基準に、企業文化への共感度合いと成果達成度の二つを挙げている。最もリーダーに適しているのは、企業文化や価値観を十分共有し、なおかつ数値目標も確実に達成することができるタイプ。

ただし、この基準でいくと、スティーブ・ジョブズは、結果は出せるが積極的に価値観を共有しようと努力しているとはいい難いので、必ずしも理想的なリーダーとはいえなくなってしまう。ジョブズはリーダーに絶対の正解がないことを示す好例だ。

歴史上の人物なら、ぜひとも参考にしてほしいのは、近代資本主義の父と呼ばれている

渋沢栄一だろう。

渋沢は江戸時代末期に幕臣として一橋慶喜に仕え、明治政府では大蔵省に勤務、その後は実業家となり、第一国立銀行の頭取に就任したのを皮切りに、地方銀行や株式会社の設立や育成を手掛け、最終的に五百以上の企業にかかわった人物だ。

私は、彼が存在感を発揮できたのは、明治維新という激動の時代だったからだと思っていた。そうでなければ彼のような農家出身の人間に、そうそう活躍する機会など与えられるはずがない。

ところが、どうもそうではなかったようなのだ。渋沢は自身の著作『青淵百話』で、自分のことを「逆境の人」と評している。維新前後の混乱期は、彼にとってチャンスどころか逆境でしかなく、順境だったらもっと活躍できたといっているのだ。

そう考えると現代というのは、突然国の支配体制が変わるようなこともなく、渋沢が生きた時代に比べればはるかに安定しているといえる。つまり、私たちは渋沢がうらやんだ順境の人なのだ。

閉塞感に覆われているようにみえてもその実は、渋沢がおかれた境遇よりもずっと働きやすいのである。

だから、いま渋沢のようにこの国をこうしよう、社会をこのようにつくりかえようという志をもち、その実現のために高い精神性をもって臨めば、それが現実となる可能性はずっと大きいということを彼は示唆している。

まさに、リーダーシップを発揮するのにこれ以上ない環境に私たちは生きているといってもいいだろう。

「ほめてやらねば人は動かじ」の続き

近年、日本から傑出したリーダーが現れないのは、日本人がリーダーシップの本質を理解していないからではないだろうか。

たとえば、すでに述べたように、組織というのはトップダウンでないと動かないのだが、それができる剛腕リーダーは、日本ではなぜか橋下大阪市長のように「独裁者」というレッテルが貼られ、どこか危険なにおいがする、組織にとって好ましからざる者という目で見られてしまいがちだ。

反対に、下の意見をよくきくボトムアップ型は、リーダーとして高評価を得る場合が多い。チームワークを重視し、部下には報連相を求め、ほめ上手で、誰からも好かれる。こういう資質を備えた人が、むしろ日本では理想のリーダーとされている。

もちろんこれで成果を出せるなら何の問題もない。だが、残念ながらこんなリーダーに率いられた組織では、世界を相手にした厳しい競争に勝てはしない。というよりも、そのような時代は終わったのだということを理解しないといけない。

大事なのは結果なのである。いくらリーダーが自分たちのやり方は正しかった、メンバーはみんな精いっぱい頑張ったと訴えたところで、そんなものには何の価値もない。九九%の達成度では、いくら頑張ったとはいえやりきったことにはならないし、結果は出ないのである。

ついでにいうならプロセスが本当に正しいなら、成果が出ていなければおかしいのである。この点を見落としている人は意外に多いように思う。結果は芳しくなかったけれどプロセスはよかった、というのは、いったいどういう状況なのだろうか。

仲良しクラブのような組織で衰退の一途をたどるよりも、厳しい環境で結果を出し、周囲に認められて自分でも勝利の味を味わうほうが、よほどいいとは思わないだろうか。

部下から好かれるとか嫌われるとかを気にするのは論外だ。

リーダーは結果を見て、できる部下にはより高い負荷を与え、自らどんどん能力を伸ばしてもらう。一方、できない人間は仕事を軽減する代わりに、処遇もそれなりに低減することになる。ここを曖昧にしてしまうと、できる人間のモチベーションも上がらないし、できない人には無理を強いることになるので、誰にもいいことがない。

やたらとほめることをよしとしない理由も同じだ。

日本のリーダーがほめることにこだわるのは、山本五十六の「やってみせ、言って聞かせて、させてみて、ほめてやらねば人は動かじ」という部分の言葉だけがあまりに浸透しすぎたからかもしれない。

だが、あの言葉には「話し合い、耳を傾け、承認し、任せてやらねば、人は育たず。やっている、姿を感謝で見守って、信頼せねば、人は実らず」という続きがあるのだ。

そう、丁寧に敷いたレールを歩ませて上手に進めたらほめるのではなく、最低限の報告をさせながらもあとは信頼して任せてやらないと、人の能力は開花しないのである。

リーダーが参考にしなければならないのは、実はこの後半の部分なのである。

結果を出せない者は去れ

日本のビジネス・リーダーに非常に多いのが前例踏襲主義。何か事が起こると、こういう場合、前任者はどう対処したかを調べ、それに倣おうとする。

これに次いでよく目にするのが、マニュアル絶対主義。答えは何でもマニュアルに書いてあると信じている。

私にいわせれば、こういう人たちはリーダーとはいえない。なぜなら、リーダーとしての役目を放棄しているからだ。

絶対的な正解というものがないなかで、自分の頭で考えてものごとを判断し、それを実行に移したら、結果を出すまで続ける。これがリーダーに与えられた役目である。

ところが、前例踏襲主義やマニュアル絶対主義というのは、自分の頭で考えて判断するという最初のステップを、すでに放棄してしまっているのだから、これではリーダーとは呼べない。

また、たとえ自分で判断したとしても、それをスムーズに実行に移せなかったり、実行が中途半端で結果に結びつかなかったりするのも、同様にリーダー失格である。

ビジネスにおいてリーダーに求められているものはただひとつ、結果を出すことなのである。

しかも、一度だけ結果を出したからいいというわけではない。リーダーである間は継続的に結果を求められるので、それに応え続けなければならないのだ。

よく、リーダーは決断力がなければならないということがいわれるが、私はこれこそおかしいと思っている。だから「リーダーとして印象に残っている決断は何か」ときかれても、「そんなものはない」と答えている。

難しい局面で度胸を決めていちかばちかの決断をしたところで、それが自分の組織を危険にさらすようなものだったり、あるいは結果を伴わない誤った決断などであったりしては、一切評価に値しない。

途中で思考停止に陥って、勢いで右に行くか左に行くかを決めるようなリーダーほど、部下にとって迷惑なものもないのである。

「決断」とは、その場しのぎでするものではなく、日ごろの「判断」の積み重ねから生まれるものだ。それが、あとから人の目でみると、大きな決断に見えるのである。

それから、うまく結果が出せなかった理由を条件、与件のせいにする人も、リーダーとはいえない。景気が悪い。ライバル企業が参入してきた。材料費の高騰。広告費を削られた。そんなものにいちいち文句をつけたところではじまらない。

何が起こっても、与えられた条件のなかできちんと結果を出すのが真のリーダーである。せっかくリーダーを任されたのに、想定外のことが起こったからうまくいきませんでしたなどと言い訳や泣きごとを口にするようなヤツは、私なら豆腐の角に頭をぶつけて死んでしまえと怒鳴りつける。

もしそんな人が上司なら、部下のほうからさっさと見切りをつけたほうがいいかもしれない。上司は選べないが、会社は自分の意志で選べるからだ。

では十年後、二十年後、リーダーの役割はどのように変化しているだろうか。

私は、何も変わらないと思う。リーダーとは結局、組織における人間関係から発生するものだからだ。どんなにテクノロジーが進化しても、組織をつくるのが人間であるかぎり、リーダーの役割は不変だといっていいだろう。

もしも時間があったら、山本七平の『日本はなぜ敗れるのか――敗因二十一か条』（角川書店）を読むことをお薦めする。もう七十年近くも前の第二次世界大戦での話なのだが、そのタイトルが過去形になっていないのはリーダーシップの欠如がいまだ続いていることを示唆しているのだと私は理解している。

ユーモアの必要性

〝ある夫婦がゴルフをやっていた。ロングホールで夫が打ったボールが見事にツーオン。彼にとって生まれて初めてのイーグルチャンスだ。

パターを握り彼は祈った。

「神様、こんなチャンスは私の人生でもう二度とないでしょう。だから、このパットはぜひとも成功させてください。もし入ったらここで死んでもかまいません」

するると、それを聞いた妻は、

「それ、オーケー（パットが入る前提で省略を認めること）でいいわ」〃

〃別の夫婦が銀行の窓口に来ると、運悪く銀行強盗に遭遇してしまった。強盗は銀行員を銃で脅して首尾よくお金を奪うと、そこにいた客を一列に並べ、端の男にこう尋ねた。

「お前は俺が強盗するところを見たか」

うなずいた瞬間、強盗は引き金を引き、撃たれた男はあっけなく死んでしまった。

次に強盗は同じ質問を、男のとなりに並んでいた夫にした。

「私は見ていません。でも……」

「でもなんだ。返答しだいでお前も撃ち殺すぞ」

「……ここにいる妻は見ていました。ええ、最初から最後までしっかりとね」〃

私は年に数カ月を妻の生家があるフランスで過ごす。そこでは人が集まると、必ず誰かがこういう話を始める。先に挙げた二つも、そのとき仕入れたネタだ。フランス人というのはこの手のジョークが大好きなのである。私も決して嫌いではない。

ところが、日本に帰ってきて、業界の集まりなどで私がこういう話を披露すると、もちろん喜んでくれる人もいるが、なかにはにこりともせず、まじめな席で不謹慎きわまりないと不機嫌そうな顔でこちらをにらみつけてくる人も少なくない。

周りを明るくするユーモアはリーダーシップに不可欠かといわれれば、間違いなく必須である。

組織にとって最善の道を自分で考え、それをメンバーに実行させて結果を出す。これがリーダーに求められている役割である。そこにはどうしてもジャック・ウェルチのいうEdge（エッジ、厳しさ）が伴う。だからメンバーを笑わせ、なごませ、組織を明るいものにする努力を続けていかないといけない。

時には、組織にとって最善の道を行くためには、悲鳴をあげるくらいの苦痛を各メンバーに強いることだってないわけではない。

そういうときに、ひたすら厳しさだけを押し通せば、メンバーはかなりの精神的負担を感じることになるから、パフォーマンスにも当然影響が出るはずだ。

そのような状況では、リーダーが時々ユーモアで張りつめた緊張の糸を緩めてあげたほうが、好結果につながることは間違いない。

私はそういう考え方なので、社長時代も会議でカミナリを落としたら、あとで冗談をいって全体のバランスをとるようにしていた。カミナリも数かぎりなく落としたから、ジョークも山ほど披露した。

というより、怒りっぱなしでは私自身にストレスがたまってしまう。根っから人を笑わすことが好きなので、いつもしかめ面で厳格なリーダーにはなれなかったのである。

コラム　サルコジを日本の首相に⁉

誰が社長になったところで、結局会社なんて変わりはしない。

日本のビジネスパーソンの多くは、そう思っているかもしれない。だがそれは、その人が、強いリーダーシップをもった本当のリーダーを知らないだけかもしれないと私は思う。

組織はリーダーによってがらりと変わる。たとえばサッカーの日本代表の監督。トルシエ、ジーコ、オシム、ザッケローニら一流の外国人監督が指揮をとるようになったら、ワールドカップに出場しても活躍できるくらい、日本チームの実力は上がったではないか。

会社だって同じだ。日産が赤字体質を脱しV字回復を遂げたのが、ルノーからやってきたカルロス・ゴーンの手腕によるものだということは、日本中の誰もが知っている。だから、手っ取り早く組織を立て直そうというときは、実績のあるリーダーを連れてくるのがいちばん早く確実なのである。

政治もまた例外ではない。いや、日本では政治の世界こそが、いま最も凄腕のリーダーを必要としているといっていい。

バブル崩壊後もう二十年近く経つというのに、相変わらず景気は回復しない。途中自民党から民主党に政権は移ったが、国の財政状態は悪化の一途をたどっている。

年金、原発、普天間の米軍基地移転など問題は山積しているのに、いまの政権は何も決められず先送りするばかり。東日本大震災から一年以上経ってもまだ、復興どころか瓦礫の処理すら済んでいない。

いまの日本のこの惨状は、国のトップにいる政治家のリーダーシップが欠如していることを物語っている。

かといって、この人に任せればたしかにこの国を立て直してくれるという人材が、政界のどこを探しても見当たらない。衆参併せて七百二十人以上も国会議員がいるのに、ひとりもいないのだ。

唯一橋下徹大阪市長には可能性を感じなくもないが、いかんせん国政となると経験不足は否めない。

そこで、政治家もまた、海外に人材を求めたらどうだろう。

先日、私が所属しているロータリークラブの会合で、たまたまイギリス大使と並んだ私は、彼にこんな提案をもちかけた。

「おたくの国のサッチャーさんを、日本に貸してくれませんか。お金に糸目はつけません」

マーガレット・サッチャーは一九七九年にイギリスの首相になると、次々と改革を推し進め、不況にあえぐイギリス経済を復活させた、ご存じ「鉄の女」である。興味のある向きは、彼女をモデルにした映画『マーガレット・サッチャー 鉄の女の涙』をご覧になるといいだろう。

しかし、大使の答えは「ノー」だった。さすがの鉄の女もいまはアルツハイマーを患って、表舞台から遠ざかっているから、政治はもう無理だろうということだ。

あるいはサルコジにしてもそうだ。二〇一二年五月に行われた大統領選では、社会党のオランドに負けてしまったが、それまでの五年間に、彼はフランス大統領として、九百もの改革を成し遂げているから、実績は申し分ない。それに、まだ五十代だから体力だってあり余っている。

たしかに、彼ならもってこいだ。

サルコジは日本の財界や官僚に対して、なんのしがらみもないのだから、権限を与え、任せればどんな改革も躊躇なく進められる。年金問題などどんなに反対されようが、国民総背番号制を導入してあっという間に解決してしまうだろう。

そして彼がそれをやっている間に、国民は、もう一度経済大国を目指すのか、それともブータンのように、貧しくても国民みんなが幸せを感じられるようにするのか、あるいはもっと別の道を行くのか、これから国の進む方向性を自分たちで話し合って決める。

そうしたらサルコジにそれを伝え、こういう国にしたいと伝えるのだ。サルコジならやってくれると思う。

ただし、現在の法律では、総理大臣は国会議員しかなれず、国会議員には日本国籍がある人しかなれないことになっているので、残念ながらサルコジが総理になることはできない。彼を総理にするには首相公選制を導入し、国籍に関係なく総理大臣を選べるようにするしかない。

つまり、日本を救うには憲法改正が急務なのである、といったら、みなさんはどう思うだろうか。

第3章

結果重視、即行、トップダウンを徹底せよ

自分の中に優れたリーダーを住まわせる

リーダーというのは、誰もが望めばなれるのか。それとも、向き不向きがあって、あらかじめ適性の備わっていない人は、いくら頑張ってもリーダーにはなれないのだろうか。

たとえば英語には、ボーン・リーダー（born leader）という言葉がある。文字どおり「生まれながらのリーダー」という意味だ。

個性豊かなタレントをひとつにまとめるスポーツチームのキャプテンや、演説ひとつで多くの人の心をつかむ政治家などは、しばしば「彼はボーン・リーダーだ」というようないわれ方をする。

一方で、リーダー養成学校としては屈指のウエスト・ポイントでかつて校長を務めたデイブ・パーマー将軍はこう口にしてはばからない。

「精神障害者でなければ誰でもいい、私のところに連れてきなさい。その人をリーダーにしてみせよう」

誰でもリーダーになれる可能性があるというわけだ。

私自身はといえば、ノウハウやハウツーでリーダーを育成するのは不可能だが、自らがリーダーになろうという強い意志をもち、健全なリーダーシップの理念を正確に理解して、それを徹底的に実行していくなら、どんな人もリーダーになり得るという立場だ。

ひとことでいえば、「要は自分」である。どんな教育を受けようと、自分はリーダーになるのだという強い気持ちがなければ、絶対にリーダーにはなれない。

このための方法として、リーダーになりたいなら、まず自分の中にこうありたいという優れたリーダー像を思い描くことを勧める。

そして、事あるごとに「こういうとき〝彼〟ならどうするだろう」と想像し、現実の自分の思考や行動をそこに近づけていけばいいのである。

もちろん、すぐにはそううまくいかないだろう。しかし、それを能力や才能のせいにしてはいけない。うまくいかないのはたいていの場合、能力や才能よりも、自分に対する厳しさが足りないからだ。

いいアイデアが出てこないとき、もうこのあたりでいいやと考えるのをやめる。最後まで辛抱して部下に任せきることができず、たまらず口を出す。その上、結果が失敗だったら、部下がやったことだといって自分でその責任を引き受けない。

こういうのはすべて、自分に対して甘いからにほかならない。つまり、せっかく自分の中に優れたリーダーがいるのに、もうひとりの弱い自分に負けてしまっているのだ。

小さいときから家庭や学校で厳しさを叩きこむ欧米に比べ、日本では戦後、ひたすら子どもを甘やかして育てるようになったので、最近の日本人は大人になっても自分を律することができない。近年、日本から有能なリーダーがなかなか出てこないのは、案外そういうところに原因があるのかもしれない。

出たとこ勝負でもひるまず進め

ここで、私がトリンプ・インターナショナル・ジャパンの社長時代、最も厳しい思い出として残っている出来事の話をしよう。

あとから見ればリーダーシップを発揮して何とか危機を乗り越えた実例ともいえるが、

このときは本当に必死だった。

それは一九九五年、静岡県の掛川に物流センターをつくったときのことだ。

それまでは東京と滋賀の二カ所に物流の拠点を置き、東京はプロパー商品、滋賀はバーゲン商品と分けて管理していたために、無駄な部分も多かった。当時は、売上が右肩上がりで伸びており、手作業が圧倒的に多かった物流に関しても、より効率化を図る必要に迫られていたのである。

そこで、拠点を一カ所にして在庫を一元管理するとともに、オンラインのコンピュータシステムを導入して商品管理を完全自動化することにした。それまではほとんどが人手による作業だったので、受注翌日出荷が精いっぱいだったが、自動化によって当日出荷も可能になる。

このプロジェクトでは、ソフトウェアの開発から、建物の建築、搬送機器の製作にいたるまで、一切合財をひとつのマテリアルハンドリング（マテハン）会社に依頼した。

なんといっても餅は餅屋である。専門家に任せるのがいちばん確実だと思ったのだ。そのための投資は、本社のコンピュータシステムの完全オンライン化への変更を含めて約五十億円。決して小さな金額ではないが、すぐに元は取れると目論んでいた。

ところが、プロジェクトは最初の立ち上がりから大きくつまずく。オープニングの日になっても、その道のプロが構築したはずのシステムが、まるで稼働しないのだ。

しかも、翌日も、またその翌日も状況は変わらない。当然その間は限られた数の商品しか出荷できないので、店舗では品薄や欠品が相次ぎ、担当の営業からは矢のような催促が入るし、危ないと見た営業はさらに追加の注文を出してくる始末だった。

マテハン会社も連日徹夜でコンピュータ・ソフトの作業にあたっているが、原因が多岐にわたっていていつ稼働できるかわからないと、なんとも情けないかぎりだ。

こうなったら社長である私が直接指揮をとり、人海戦術で逃げる以外、このトラブルを乗り切る術はない。

そう決心した私がまずやったのは、全国から営業を掛川に呼び寄せることだった。ラインが動かないなら、人間がやるよりほかない。注文はすでに山のように積み上がっている。これでは申し訳程度の人材投入では埒が明かない。

だから、各支店や営業所に人数を指定し、延べで数百人規模になる人を集めた。文字どおりの人海戦術だ。もちろん支店や営業所だって余剰人員を抱えているわけではないので、なんで自分たちがそんなことをしなければならないのかと非難ごうごうである。だが、トップダウンは絶対だ。人を出さないところには出荷できないと宣言し、強制的に頭数をそろえた。一度こうと決めて腹を括ったら、周囲の非難など気にしない。徹底してやる。

おかげで周囲のホテルはマテハン会社の社員とトリンプの社員で満員である。作業は毎日午前二、三時までかかるので、近隣のタクシー会社にもお願いし、二十四時間体制を敷いてもらった。ちなみに、タクシー会社にしたら降って湧いたような特需だったのだろう。以後トリンプには掛川地方のタクシー会社から、お中元やお歳暮が届くようになったのにはまいった。

とにかく私自身も作業服を着て、早朝から深夜まで現場に立ち続けた。

「この商品は出荷していいのか」「インボイスはどうなっている」「中身の確認は誰がやるのだ」など質問とも怒号とも区別のつかない声が、現場ではのべつ幕なしに飛び交っている。急きょ呼ばれた寄せ集め部隊だから、みんな何をどうすればいいかわからないのは当たり前だ。

でも、誰かが指示を出さなければ作業は止まってしまう。わからないことは何でも私にききにくるよう通達し、私は常に現場にいて、どんな質問にも即断即決で答えるようにしていた。

中には、それが正しい注文であるのか疑わしいものさえあった。それに私だって物流の専門家ではないので、答えは私の独断だ。だがそれでいいのである。間違ったところで私が責任をとればいいのだし、社長である私にはそれができるからだ。この姿勢で事態を収束させ、なんとか危機を乗り越えることができた。

ちなみに、この一件で外部の業者に一任することに懲りた私は、社内で物流の改良点をリストアップする会議を定期的に開くようにした。

この結果は二〇〇六年の第二次物流改革に反映され、トリンプの物流経費はなんと売上対比三％近くまでになったのである。繊維関係の会社の場合、物流経費の平均は七％台と聞くから、三％というのは驚異的な数字だ。そして、売上が五百億だから一％につき五億円の節約にもなる。

二週間も徹夜が続くような大ピンチであったが、大波を乗り切って学んだことを活かせば、嬉しいおまけもついてくる好例だろう。

想定外をつぶして千里眼を手に入れろ

仕事が成功するか失敗に終わるかは、それまでの準備をどこまで徹底できるかによって決まるといっても過言ではない。

私が東京電力福島第一原子力発電所の事故でいちばん腹が立つのは、政府や電力会社の「想定外」という言い訳だ。

想定外とは、英語でいえば、〝I don't want to think what I don't want to think.〟と訳せると聞いた。私は、考えたくないことは考えませんといっているのと同じことである。

こんな巨大な地震が来ることは想定していなかった。これほどの津波は想定外だった。

これらは言葉を換えれば、マグニチュード九・〇の地震が起こることや、十五メートルを超える津波が来ることなど、その昔実際にあったとしても、考えたくないから考えなかった、だからなんの手も打っていなかったといっているのと同じことだ。こんないい加減なことをやっていたら、普通の民間企業ならあっという間につぶれてしまうだろう。

一九九〇年代の終わりから二〇〇〇年代の初めにかけて、百貨店やスーパーの倒産が相次いだ。

この時期、トリンプの社長だった私は、売上計画を立てるとき、取引先が倒産することまで想定し、それでも会社が損をしない対策を施せと指示を出した。

どんなに大きくて知名度があっても、つぶれる可能性はある。なにしろ、最終的にはあのそごうやダイエーだって例外ではなかったのだ。ツービッグ・ツーフェイル（too big to fail）などとはいっていられない。

結果として、流通業界向けの倒産保険に加入した。こういう保険もあるのである。

しかし、保険でカバーされるのは納めた商品のコスト分だけ。コストは免れるものの、出荷され既に計上されていた利益はなくなるので、その分は帳簿上では落とさないといけなくなる。

それでも、もしその百貨店やスーパーが倒産する可能性が高いということが事前にわかっているなら、消化仕入れという取引形態に変えてもらい、店頭にある在庫をトリンプの在庫に戻し、店頭で売上げた金額からトリンプの納入金額分を短期間のうちに支払ってもらうように、条件を変更してもらうのである。

その上で、あらゆる情報網を駆使して取引先の経営状況を調べ、危ないとなったら倒産に至るのは何月何日かというXデーまで設定し、損を最小化するのである。そしてこれはよく当たった。

そのうちに、得意先がつぶれてもトリンプだけは大きな損を出していないというのがいつしか評判になり、そのうち「〇〇デパートのXデーはいつですか」と経済新聞の記者が逆取材にくるようにまでなった。

どうしてそこまで正確に予測できたかは企業秘密だが、日ごろからここまで徹底して仕事をしていれば、取引先が倒産したその時になって慌てるようなことはないのである。

楽天の三木谷浩史社長の徹底度ものすごい。東日本大震災の復興支援をするときも、多くの企業がそうしたように単にボランティア団体に寄付して終わり、ではなく、自らが先頭に立って、自分たちで県別の被災状況を分析し、それによって支援額の割合を決めたという。

とにかく三木谷氏は、何かをするにあたっては、裏付けとなる事実を必要なだけ用意し、決して雰囲気や感覚で判断しないという。

もし三木谷氏が東京電力の社長だったら、「十五メートルの津波が来ない根拠は」と必ず確認していたはずだから、あのような悲惨な「想定外」の事故は起こらなかったと思う。

勇気、攻撃性、そして倫理観

人は危機にさらされると恐怖を感じ、冷静でいられなくなる。

一方、道なき道を自分の判断で切り開き、自分の後ろに集団を率いて進んでいくリーダーは、常に危険と背中合わせだ。

もし、リーダーが危機に弱く、ちょっとしたことで正気を失って正しい判断ができなくなるようなら、その組織はたいへん脆弱だといわざるを得ない。

逆に、堅固な組織のリーダーを長年務めているなら、その人は危機に強く、不測の事態の際も自分をコントロールできるだけの胆力が備わっているとみていいだろう。

前出のウエスト・ポイントでは、士官候補生は全員、ボクシングやレスリングといった身体的危険を伴うスポーツに参加することを義務づけられている。身体を鍛えることに加え、危機に直面して恐怖心が湧きあがっても、すぐにそれを鎮め、勇敢かつ冷静に行動できるようにするためだということは、容易に想像がつく。

また、経営者にはマラソンやトライアスロン、アイアンマンレースといった過酷な競技に、定期的に参加している人が少なからず見受けられる。これもやはり、日ごろから極限状態にまで自分を追い込む経験をしておくことが、いかなる場合も平常心を失わないリーダーでいるための鍛錬になるからだろう。

勇気があって攻撃的であるというのは、リーダーに必要な資質だが、すぐに頭に血が上って自分を制御できなくなるようでは、名リーダーとはいい難い。

それに加えて、高い倫理観の持ち主であるというのも、いざというときリーダーシップを発揮できる人に共通な特徴である。

これは武士道精神の持ち主と言い換えてもいいかもしれない。渋沢栄一も、実業の本筋は武士道にあるといっている。

それでは武士道とは何か。渋沢の言葉を借りれば「不善・不義・背徳・無道を避けて、正道・仁義・徳操に従おうとする堅固な道心と崇高な観念であって、礼儀、廉恥を神髄とし、これに任侠の意味をふくませたものである」ということだ。

もちろん現代社会において、武士のように生きろといってもそれは無理。私だってできはしない。

だが、そういう武士道の境地を意識して事にあたるというのは、リーダーには必要なことである。簡単にいえば、自分の都合や利益よりも、自分がリーダーを任されている組織、あるいは社会、国家にとって最善のことは何かを常に考えるのだ。

その姿勢さえぶれなければ、リーダーとして大きな失敗をすることはない。渋沢栄一のいう「論語の心でそろばんをはじく」というのは、まさにそういうことなのである。

給料以外は全部オープン

リーダーがワンマンであるのは悪いことではない。

私がトリンプ・インターナショナル・ジャパンの社長を務めていたときのオーナーのひとり、ギュンター・シュピースホーファー氏がそうだったように、複雑で巨大な組織をトップダウンで動かすには、むしろワンマンであり続けるのもひとつの方法なのである。

彼がどれだけワンマンであったかは、後の項目で詳しく記す。

だが、ワンマンであり続けようとして、組織の大事な情報をひとりで独占するのは、決してほめられたことではない。

たしかにトップが情報を握って外に出さず、「黙って俺のいうとおりやれ」といっていれば、部下にはその指示が正しいかどうか判断する術がないので、とりあえず黙って従うしかなくなる。

また、情報を独占していれば、部下に反論されたときも、「お前は間違っている」といって、自分だけがもっている情報を出し、部下の反論など容易に撃破できるので、リーダーはいつまでも威厳を保てるというメリットもある。

だが、かつての上司である渡邉恒雄読売新聞グループ本社会長・主筆に反旗を翻した清武英利元読売巨人軍球団代表を見てもわかるように、ワンマンは部下から反感を買いやすい。

それに、力で従わせても心から納得していなければ、部下のモチベーションは上がらない。部下のモチベーションは、結果にかかわる。

たとえば、社長が経費節約だから廊下の蛍光灯の数を半分にすると号令をかけたとしよう。表だって文句は出なくても、社員の心のなかは、そこまでやる必要があるのかという不満がいっぱいかもしれない。そして、他の部屋の電気やコピー用紙など、とくに指示を出されていないところでは、相変わらず無駄な使い方が止まないことになる。

それよりも、会社の損益計算書を社員にオープンにして、当社は経費がこれだけかかっていて、そのなかで電気代の占める割合がとくに大きいということを伝え、さらに廊下の蛍光灯の数を半分にすれば年間でこれだけのコストカットになると示せば、社員は廊下が暗くても納得するだろう。逆に社員のほうからも、ここをこうすればもっと節約できるといったアイデアが出てくるかもしれない。

会社では、会社の利益を上げることが最優先という意識が社員の間に徹底されていて、なおかつすべての情報がオープンであることが理想的だ。そうすれば、リーダーの指示と部下の思いが相反することなく、自然と全員が一丸となって同じ方向に進む。

だから、リーダーは情報を独占するのではなく、積極的に部下に開示すべきなのだ。トリンプ時代、私は会社の情報はそれこそ給料と発表前の組織異動以外、すべて社員の前にオープンにしてきた。何をおいても透明性が重要なのである。ということは、情報の共有化を徹底するということだ。

それで不都合が起きたことは一度もない。

もしリーダーが情報をオープンにしているにもかかわらず、部下と結論が異なるなら、情報の出し方が足りないのかもしれないと疑ってみるべきだ。

すべての情報を全員が共有しているなら、結論は必ず一致する。これが私の持論である。

部下とのコミュニケーションをスムーズにする秘訣

日本人のリーダーをみていると、頭脳は明晰なのだが部下とのコミュニケーションが苦手だという人が意外と多いような気がする。これは学生時代、そういう能力を獲得するための訓練を十分積んできていないからだ。

コミュニケーションの基本、つまり、自分の考えや指示、命令を正確に相手に伝えるときに最も大事なものはなにかといったら、それは一にも二にも論理性である。

結論だけを言って、「あとはそのとおりにやれ」というタイプの人が、企業のトップにも少なくないが、それでは部下はついてこない。

なぜいまそれをやらなければならないのか、どうしてそのやり方なのか、そういうことも一緒に伝わって、初めて人はやってやろうという気になるのだ。それが、説得力というものだ。

だから、リーダーは結論と同時に、結論に至った過程もきちんと説明しなければならないのだが、このとき忘れてはならないのが、理解力には個人差があるということだ。

一を聞いて十を知る部下ばかりならいいが、通常そんなことはあり得ない。そこで筋道の通った論理的説明が必要になってくるのである。

ここはどうも説明しにくいというようなことがあれば、それは自分でも納得がいっていないことのサインだ。その部分は思考が論理的でないか、論理が飛躍しているかのどちらかである可能性が高いから、その視点でもう一度検証してみるといいだろう。

また、自分の考えが論理的かどうかは、部下の前で発表する前に、自分で自分に「なぜそうなのか」と繰り返し質問してみるとよくわかる。

トヨタでは社員が現状の問題点を見つけたら、改善策を考えるために「なぜ？」を五回繰り返すという。曖昧なところがあればすぐに詰まってしまうから、自然と思考が深くなり、正解にたどりつくのだ。

私利私欲はないか。リーダーとして恥ずかしくはないか。そういうことも自問自答しておくといい。

それから、たとえ自分より上の立場の人から命じられたことだとしても、それを部下に伝える際にはあくまでも自分の意見として伝えるということも、部下との信頼を築くために忘れてはならないことのひとつである。

「社長命令だから」「会社の決まりだから」と但し書きを付けて伝えたら、これは自分の責任ではないといっているのと同じである。要するに、リーダーがその課題解決に命を懸けていないということだから、これでは部下が必死になるはずがない。

当事者意識のない命令では、人は動かないのである。

ただし、リーダーが上から自分の意志に反することを命じられ、それを部下にやらせなければならないというケースは、現実にはしばしば起こり得る。

私自身もトリンプの社長時代は、親会社のワンマンオーナーから、日本では受け入れられないようなことを無理やり命じられたことが何度もあった。

それがどうしても納得できない場合、私は自分の部下に対し、オーナーの意向だけでなく、私は効果に疑問をもっているという自分の考えも併せて伝えるようにした。

リーダーである自分も同じように理不尽さを感じているとあえてわからせることで、部下と一体感が生まれる。パワープレーよりもそちらを優先したのだ。

要するにリーダーシップとは一問一答ではなく、状況によって最適解が変わる応用問題なのである。

任せることの難しさ

私がトリンプの社長を引退してしばらく経ったころ、ある大手スーパーの社長をしている方から電話がかかってきた。会いたいというので、後日会社を訪ねると、なんと私に会社に入らないかというお誘いであった。

ありがたい話だとは思ったが、私は六十歳を過ぎたら余生ならぬ「本生」を、妻と一緒に楽しむと現役時代から決めていたので、丁重にお断りさせていただいた。

その後、当時しまむらの社長をされていた藤原秀次郎氏に会った際にその話をすると、藤原氏は笑いながらこういった。

「吉越さん、それはいい話だったね。引き受ければよかったのに。ただし、その社長さんが経営から手を引くならば、という条件付きだけど」

ありがたいことに、その社長さんは、私のトリンプでの実績をみて、相当いいレベルの仕事ができると踏んで声をかけてくれたのだろう。だが彼の性格からすれば、すぐに私の仕事のやり方に満足できなくなって、やっぱりお前には無理だと三行半を突きつけられるのは目に見えている。だから、彼がいなくなるなら入社してもいい、というわけである。

この藤原氏の分析は、なかなか示唆に富んでいる。要するに、それだけ優秀な人でも、人に仕事を任せるのは難しいのだ。

経験から来る自信があってこそのこともあるだろうし、たんに小さなプライドを顕示したいだけという人もいるだろう。

日本のビジネスパーソンが好き好んで報連相という言葉を使う理由も、実際はこういうところにあるのだと思う。

実際、部下に「お前の好きなようにやっていいぞ」と仕事を任せても、その結果が満足できるレベルであることはまずない。それはそうだ。部下よりも上司のほうが経験も豊富だし、引き出しもたくさんもっている。手際だっていい。当たり前だ。

「なんでこれだけ時間をかけてこの程度なんだ。これなら俺が自分でやったほうが全然早いし、もっとずっといいものができる」

部下に一任した仕事の結果をみて、上司がそう思うのも無理はない。だから、つい途中であれこれ口を出してしまう。任せたといいながら、結局は何から何まで管理しないと不安になる。

つまり、部下に報連相を課すのは、上司が安心したいがためなのである。部下を自分の思いどおり動かせる報連相は、上司の負担が増えるようにみえて、実は上司にとってこれほど楽なことはないのである。

部下の成長を真剣に望んでいるか

一方、部下にとってみれば報連相は、車のGPSのようなものである。いまどこにいて、次にどっちの方向に行けばいいか、勝手に指示を出してくれるのだ。

これさえあれば、自分で考える必要がない。しかも、そのとおりにしていれば毎回ちゃんと目的地に着くので、運転がうまくなった気分にもなる。

けれども最初からGPSに頼っていたら、いつまで経っても地図は読めないし、自分でルートをイメージできるようにもならない。それは、GPSがなければ怖くてどこにも行けないことを意味する。

そんな社員が、果たして会社の戦力になるだろうか? 当然、なるはずがない。

仕事ができる人ほど、自分でやったほうが早いという気持ちになるのはよくわかる。だが、そういう上司にだって、現在の部下並みの仕事しかできなかった時代もあったはずだ。そこから自分で考え、挑戦し失敗しながら学んできたからこそ、少しずつ実力がつき、いまのレベルに到達したのではないのか。

だったら、部下には積極的にチャンスを与えるべきだろう。

だいたい、基本的なことを除き、部下を教育することはできないというのが私の持論だ。

成長したい人間は、自分で学ぶしかないのである。そして、部下にその学習の機会を用意するのが上司の役目なのだ。

自分が安心したいがために、部下の成長の芽を摘むようなら、その人は、上司失格といわれても仕方ないだろう。

また、仕事を与える際には、一部分だけ切り分けてこれだけやってくれというようなやり方ではなく、ひとつの分野やプロジェクトを丸ごと任せること。それで、着地点と進め方を双方で確認したら、あとは結果報告を受けるデッドラインの日を待つ。どうやってやるかに関しては、部下の判断を信じればいいのである。

ある程度仕事ができる部下なら、完成のデッドラインだけを与え、まだ少し心配だという場合は、中間デッドラインを設け、進捗状況や方向が間違っていないかを確認する。そのとき、このまま行けば大きな失敗を免れないということがわかれば、ためらわず軌道修正をする。これで十分である。

ＧＰＳつきでいつまでも成長しない部下の面倒を見るよりも、早く補助輪もＧＰＳもはずして勝手に結果を出してくれる部下をもったほうが、自分が楽になるのは火を見るより明らかだろう。

論理的に考えても、部下には任せて育ってもらうほうが得策だ。

見習うべき超ワンマンオーナー

リーダーは部下に仕事を任せたら報連相などという余計なことをせず、覚悟を決めて結果を待たなければいけないと繰り返し書いてきた。

ところが日本人のリーダーには、どうもこの「任せる」というのが苦手な人が多い。部下が失敗したとき、自分や会社の被るダメージばかりが気になって、経験を積ませて部下を育てるという腹の括り方ができないのだ。

その点、私がトリンプ・インターナショナル・ジャパンの社長を務めていたときのオーナーのひとり、ギュンター・シュピースホーファー氏は、超がつくワンマンで口が悪く、扱いにくいことこの上ない上司だったが、不思議と私のやることには、嫌みはいっても口は出さなかった。

一九九八年にトリンプで、新しいブランドであるアモスタイルを立ち上げたときもそうだった。

トリンプはそれまで百貨店を中心に、高級ブランドというブランド戦略で商品を販売していた。しかし、これだと若い女性を取り込めない。バブル崩壊後景気の低迷が続いていたこともあり、低価格ラインの品揃えも充実させておこうと思ってつくったのが、このアモスタイルだ。

ブラとショーツがセットで二千八百円というように、価格はトリンプの三分の一程度とし、原宿などの直営店で売り出した。

これは日本のトリンプで考えた企画で、アモスタイルという名前を命名したのも日本だ。数店の店舗で試験的な販売を試みた上で、オーナーの来日時に今後の展開予定を説明すると、件のオーナーからこんなことをいわれた。

「これはお前の退職金だ」

つまり、新たな事業を始めるのは勝手だが、やるなら自分の退職金を前借りしたと思ってやれ、と釘を刺されたのだ。

立ち上げをし、続いて彼の口から出た言葉がこれ。

「お前はすでに退職金を使い果たしたな」

まったく、口の悪いボスである。

だが、オーナーの予想に反してアモスタイルは順調に伸び、私が退職するときには年商百七十億円のビジネスになっていた。

アモスタイルのチェーン店を退職金がわりにもらわずとも、利益率は約一〇%だったから、その一年分の十七億円くらいの退職金をもらってもいいのではないかと思ったが、退職の話になっても、ついにオーナーからその話は出なかった。忘れてしまったのか、とぼけていたのか、私にはわからない。

ただ、アモスタイルのみならず、私を信頼して日本市場を任せてくれたことにはいまも深く感謝している。

本当ならスイスの本社の下に香港法人があり、そのさらに下に日本法人という順番なので、本社の前に香港にお伺いを立てるのが筋だった。しかしこの超ワンマンオーナーが、私が社長になったときに、

「日本は俺の市場だ。この俺が吉越に任せるといったのだから、ほかの奴らはごちゃごちゃいうな」

とにらみを利かせてくれたおかげで、私は引退するまでずっと自由に経営することができたのである。

もしいろいろな人にあれこれ口出しされていたら、十九年連続の増収増益、さらに日本が世界の売上の二五%を占めるまでにすることなど、到底達成できなかったろうとつくづく思う。

ワンマンぶりも徹底

既にたびたび登場しているギュンター・シュピースホーファー氏だが、彼のワンマンぶりも語るに値するものがあるので、ここで紹介しておきたい。私にとっては、この世に二人といないワンマン・リーダーだ。

とにかく私は、彼には何度もひどい目にあわされた。

たとえば、ヘビ料理。私が香港で勤務していて、彼が香港にやってきた日のことだ。今夜ヘビ料理を食べに行くのでお前も来いと呼ばれたのだ。彼はヘビが大好物なのである。

とにかくその当時のトリンプでは、彼に夕食に招待されるほど名誉なことはなかったので、断るという選択肢は私にはなかった。

もちろん私はヘビなんか見るのも嫌なので一計を案じ、前もってマクドナルドに行きビッグマックを二つ食べ、満腹にしてから参加するという自衛手段をとった。しかし、実際に参加するといくらお腹がいっぱいだといっても許してくれない。

自分のとなりに私を座らせて、ちゃんと食べるか見張っているので、このときは観念して、ヘビの縞模様の皮がついたままのステーキを含め全部食べた。一緒に出た、お酒の中でとぐろを巻いたヘビの姿は、いまでも忘れられない。

それから、彼は一年のうち半分以上を、当時急速に売上を伸ばしていた自分の担当地域でもある南北アメリカとアジアを回っていた。私が日本に転勤になった最初のころは、業績が悪かった日本に二週間ずつ六回は来ていたから、年に三カ月は滞在していたことになる。

そして、彼の滞在中は、私が必ず昼と夜の食事を一緒にとらなければならないことになっていた。ところが、これがまた苦行なのである。

昼は必ず寿司屋。しかも彼は相当な酒豪で、寿司をつまみながら多い時には日本酒を四、五合飲む。すると私も、最低同じ量を飲まないと許してもらえない。一緒に飲んでさえいれば、事務所に戻って会議に入る必要がないので、私には都合がよかったのだが。

とにかく私も日本人にしてはかなり飲むほうだが、それでも昼間の四合はかなりきつい。だが、それで終わりではないのだ。今度は夕方五時からのウィスキーに始まり、多くの場合しゃぶしゃぶとワインである。それで夜十時前にやっと解放されて家に帰り、翌朝は七時三十分に出社、早朝会議に参加してまた同じことの繰り返し。これが、彼が日本を離れるまで続くのだ。

また、突然日本旅行をしたいといい出すのも日常茶飯事で、その場合はこちらで慌てて手配することになる。あるときなどゴールデンウイークの直前にやってきたと思ったら、いきなり東北に行きたいといわれてしまった。こんな時期に宿なんてとれないといっても、きく人ではないので、四方八方手を回し、ありとあらゆるルートを使って、岩手、宮城そしてようやく山形の旅館を押さえた。

その旅行にはガイドも兼ねて、私たち夫婦も一緒に行ったのだが、どういうわけか旅行の最終日になって彼の機嫌が悪くなった。タクシーの中で苦虫をかみつぶしたような顔をしているし、途中食事に立ち寄ると、そこに勝手に自分が大好きな純米大吟醸酒を持ち込んで飲みまくる。挙句の果てに、米沢牛の専門店であるにもかかわらず、うにそばも食べたいといい出す始末。

さすがに店からは「うちでは十分なおもてなしができないので、お引き取りください」と、やんわり出ていけといわれたものの、店を追い出されても行くところはないし、さらにオーナーが荒れるのは目に見えている。

店の人に頭を下げまくって、うにそばのようなものを作ってもらい、なんとかことなきを得たが、オーナーに関するこの手のエピソードは、それこそ枚挙にいとまがない。

このように、超のつくほどのワンマンなのだが、私は彼のことは決して嫌いではなかった。たしかに正真正銘の坊ちゃん育ちで扱いにくいが、心根はとても優しい人であるし、にくめない人柄で、なによりリーダーとしての役目をきっちり果たしていた。

そして前述のとおり、彼は、常々自分の子どものようだといっていた日本を私に任せてくれた。といっても、私が日本に転勤した初年度から結果を出していなかったら、きっとすぐにとはいわないまでも、いつかはクビを切られていたはずだ。そういうリーダーとしての厳しさが、彼にはあった。

彼は、いまではトリンプのオーナーを引退しているが、彼がいた間は、トリンプは常に世界で売上を伸ばしていたし、利益も上がっていた。これぞリーダーである。

それは、多くの国にある支社、支店、工場への自分の指示や命令を徹底させる能力に長けていたからだと私は考えている。そして、そのためには超ワンマンであり続けなければならなかったのかもしれない。

ここからはおまけの後日談だが、二〇一二年の一月に、スイスにある友人の別荘に遊びに行くことが決まった。前年のクリスマス、彼にそのことを何の気なしに伝えたら、「まさかスイスまで来て、俺のところに挨拶に来ないなんてことはないだろうな」と凄まれ、仕方がないから電車を三本も乗り換えて彼の冬の別荘まで行ってきた。

久しぶりに訪ねていった私を、彼は大歓迎してくれた。彼と酒をゆっくりと酌み交わしたのは、私が社長を辞めた翌年の二〇〇七年に彼の家を訪れた時以来だ。

たしかそのとき私は彼に「お前はもう俺のオーナーじゃない、フレンドレベルに格下げになったんだ。わかったか」と念を押したはずだったが、いまだにわかっていないようだった。たぶんこの先も、私たちの関係は変わらないのだろう。

福島原発の事故が起きた時も、三月十四日の朝、日本時間の六時に電話をかけてきて、私たちをたたき起こし、命令調で「今から無条件に逃げろ」と言ってきてくれた。このことでも、彼には心から感謝している。

EQ、MQ、BQを意識せよ

米経済誌『フォーブス』に興味深い記事があった。カーネギー工科大学の調査によれば、経済的に成功している人たちの八五%は、その要因に人間管理のスキルやパーソナリティ（人となり）、コミュニケーション、ネゴシエーション、統率などの能力を挙げており、専門的知識のおかげであると答えたのは、わずか一五%にすぎなかったというのだ。

また、同じ記事中で、ノーベル賞受賞者でもある心理学者のカーネマン博士は、安価な商品やサービスを高く売ろうとする人でも、彼が人間的に好ましく信頼できるならビジネスの相手として受け入れてもらえることがわかったと述べている。

日本では昔から営業の心得として「営業マンは商品を売るな、自分を売れ」といういい方をされてきたが、実はこれは正しかったのだ。

記事はさらに、論理的な推論能力や知性の指標であるＩＱは明らかに過大評価されすぎであることや、ＩＱよりもＥＱ（感情指数）、ＭＱ（道徳指数）、ＢＱ（身体指数）のほうが、今後は重要視されるようになるだろうということにも言及している。

これは、有名な大学出身者が必ずしも優秀なリーダーではないということであり、実際に実務を経験した人なら同じ意見であろうと思う。

リーダーシップというのは人と人のつながりのなかで発揮されるものだから、まさに人の成功により深くかかわる八五％のほうに属する要素である。感情のコントロール能力や、道徳観、身体性などが大事という点も、そのままリーダーシップにあてはまる。

ということは、ＥＱやＭＱやＢＱを鍛えてリーダーシップ能力が高まれば、人生で成功する確率も大きくなるといえるのだ。

とくにこれからリーダーを目指す人は、まずはＢＱに力を入れてほしい。人間の能力というのは、それだけ取り出して伸ばせるものではない。まずベースとなる体力があり、その上にやる気や気力が重なり、さらにその上にくるのが能力なのである。

しかも、この三層構造は正三角形となっているのだ。つまり、底辺の体力が小さいと、やる気や能力も比例して小さくなってしまうのである。

といっても、基礎的な体力を高めるために、ジョギングをしたり、スポーツクラブに通ったりできる人はいいが、そのためには時間もつくらなければならないし、いろいろ準備も要る。だが、心配は無用だ。とりあえずは、誰でもすぐにできるBQ向上法というか、手っ取り早い回復法を教えよう。

まずは、簡単なヨガとか真向法などのストレッチを、時間を見つけて自分でできるように習っておくことをお勧めする。これをやるだけで、体の調子がよくなるのを実感できるはずだ。

それと、あとはよく寝ることだ。私の経験からいうと、仕事でどんなに疲れても最低七時間ぐっすり寝れば、翌日はまた元気いっぱいで仕事に取り組むことができる。

だいたい睡眠時間を削って頑張ったところで、眠くて昼間の作業能率が落ちたら元も子もない。毎日確実に、最低七時間寝る。ＢＱ値を高めるなら、騙されたと思ってまずここから始めることをお勧めする。

それから、ＩＱは過大評価されすぎているとあるが、それはあくまで欧米人を基準とした場合だ。彼らは子どものころから論理的であれと家庭でも学校でも教育されてきているので、論理的思考が十分身についている。しかし、その論理的思考だけでは成功できないというのが、『フォーブス』の記事の趣旨なのである。

一方、日本人は、そこまで論理的思考を叩きこまれていないので、社会人になってもこの部分が非常に甘い。暗記で知識はたっぷり詰め込んであるかもしれないが、論理性という観点でいうと、それほどＩＱ偏重とはいえないのである。

リーダーシップに関していえば、論理的思考ができることは必須条件だといっていい。

だから、ＩＱばかりにこだわる必要はないが、リーダーを目指すなら論理的思考を高めることは絶対に放棄してはならず、それと平行でベースとなるＢＱのアップを目指すべきなのである。

リーダーにふさわしいのは松井かイチローか

今シーズンはメジャーリーガーの松井秀喜もイチローも、ともに苦労しているようだ。二人とも三十代後半だから、技術というより体力面で衰えがきているのかもしれない。人間は歳をとる。どんなスーパースターだって永遠に現役選手であり続けることはできない。しかし、松井にしてもイチローにしても、日本とアメリカ両方で、輝かしい成績を残している。それはたいへんな財産だ。現役を引退した後は、ぜひ指導者としてその財産を後進のために活かしてほしいものである。

そこで、松井とイチローなら、どちらが監督として成功するか考えてみてほしい。

私は野球の専門家ではないので、野球理論や技術について言及はできないが、リーダーシップという観点だけで判断するなら、イチローに分がある気がする。

松井は野球がチームプレーだということをよく理解している。だから、本来は長距離打者でありながら、アメリカに行って慣れた四番以外の打順を任されると、やみくもに長打を狙わず、ちゃんとその打順に合ったバッティングをする。

一方イチローは、野球を個人競技だと考えているのではないだろうか。チームの勝利も大事だが、それよりも自分の技量を磨き、どこまで高みに行けるか日々自分と勝負しているようにみえる。

日本的な感覚だと、まずチームのことを考え、自分の分をわきまえて行動する松井のほうがリーダーに向いていると考えがちだ。

それは間違いとはいえないが、和やチームワークを優先すると、どうしても組織に甘さが残ってしまう。そういうチームは、本当に強い相手と対戦すると、その甘さが弱点となって勝ちを逃す傾向がある。

イチローが監督になったら、自分のような選手が九人いるようなチームをつくろうとするだろう。それぞれが厳しく自分を追い込み、ギリギリまでパフォーマンスを高め、しのぎを削る。その総和がチーム力になるという考え方だ。

本当に強いチームをつくるなら、絶対にこちらのほうである。

ただし、後者のほうはチームをまとめるのが難しい。誰よりもリーダーが自分に厳しくないと、メンバーがついてこないからだ。リーダーは徹底的に自分への甘えを排し、その姿勢を部下に見せなくてはならない。

その点でも、調子が良く周囲に絶賛されても満面の笑みになることもなく、淡々とストイックに上をみて努力を続けているイチローなら心配ないだろう。

スピードのためのフォロアーシップ教育

ここ数年、日本企業がグローバル・マーケットで勝てなくなってきている原因の大部分は、意思決定のスピードの差にあると私はみている。

欧米の組織では、リーダーはトップダウンで指示を出し、部下はとにかくそれに従ってボトムアップするというそれぞれの役割が、きちんと理解されている。リーダーシップとフォロアーシップがこのように機能していると、無駄な時間がかからない。

ところが、日本の場合は、リーダーがトップダウンでものごとを進めようとしても、部下のほうに、自分たちの役目はリーダーシップに対しボトムアップで答えることだという自覚がなく、またその訓練もできていないので、まずうまくいかない。

そこで日本のリーダーはどうするかというと、部下の正面に立って直接こうしろと指示を出す前に、根回しや下打ち合せなどを繰り返して少しずつ外堀を埋めていく。そして、組織内にやってもいいという雰囲気を醸成してから、ようやく本来の指示を出すのだ。

もちろんその間には膨大な会議や書類が存在する。

海外では、日本の会社はデシジョン・メイキング（意思決定）に時間がかかりすぎるとよくいわれるが、それは要するにこういう理由なのである。

それでも、日本の会社は実行段階になると仕事が速いのでなんとかなっていたが、第1章でも説明したように、インターネットの出現によってパラダイムシフトが起こった結果、いままでは日本的なやり方はまったく通用しなくなってしまった。

海外企業は意思決定にかける時間をますます短縮し、早々に商品を投入して市場の反応をみながら改良していく。検討段階でたっぷり時間をかけてものごとを一歩一歩進める従来の日本スタイルでは到底追いつけないのである。

どんなに優れた商品でも、先手を取られシェアを押さえられてしまったら、競争においては圧倒的に不利な立場に追い込まれる。日本のリーダーはスピードの重要さを、もっとよく理解するべきだろう。

そして、スピードアップを図るには部下にフォロアーシップ教育を施して、トップダウンが機能するような組織につくりかえることが必要だ。

リーダーシップだけでスピードアップを実現しようとしても、それは難しいといわざるを得ない。

問題発生時にまずすべきこと

失敗はしないにこしたことはないが、かといって人間であるかぎり、絶対に失敗しないということはあり得ない。完全無欠のリーダーなど存在しないのである。

むしろ、失敗をしたら、絶好の学習機会だと前向きに考えたほうがいい。実際、若いうちに失敗を多く経験した人のほうが、多くの暗黙知を手に入れることができるので、その分成長も速く、重要な役職に就いてから大きな失敗をしなくなるものである。

失敗をしたら最初にやることは決まっている。目の前の火を消すことだ。いわゆる緊急対策である。お客さんに迷惑がかかっているなら、まずは組織を挙げてその迷惑となっている状態の解消に努めるのだ。

ところが、よくあるのが原因の究明や犯人探しが優先されてしまうケース。これは明らかに順番が違う。

そんなことをしている間に、ボヤが全体に燃え広がってしまったら何にもならない。だから、真っ先に「火を消せ」と号令をかける。これはリーダーの役目であり責任だ。

だが、失敗に浮き足立ってしまうと、これができなくなる。かくいう私もそういうことがあった。

早朝会議で、部下のあり得ない判断ミスによって、キャンペーン用の一部の商品の生産が遅れ、物流に届いていなかったことが判明したのだ。

その事実が露呈した瞬間会議室は騒然となり「お客様にどう説明するのだ」「商品はいつ入るんだ」「以前も同じことがあったじゃないか」など、みなが思いついたことを口々に発言し、気がつけば会議を進行していた私までパニックになってしまっていた。

そのとき、ひとりの部下が立ち上がって「とにかくいまは緊急対策だけに集中しましょう」と言ってくれたおかげで、ようやく冷静になれたのである。

いま思い出しても恥ずかしいかぎりだが、とにかくそのとき以来、問題が起きたらまずは緊急対策という鉄則は、私の中に完璧に刷り込まれた。

緊急対策でとりあえず初期消火に成功したら、次は再発防止だ。同じことが二度と起こらないようにするのである。それにはなぜそうなってしまったのかという原因を明らかにし、全員で共有する必要がある。

ミスを犯した担当者への聞き取り調査も必須だ。当人にしてみれば、すでに自分の責任を重々感じているところに、「どうしてそんなやり方が正しいと判断したのか」「似たような前例があったにしても今回は背景が違う。それに配慮しなかった理由は？」など、あらためて根掘り葉掘り質問されるのだから、やはり傷口に塩をすり込まれるようなものである。

だが、だからといってこの作業を端折れば、原因究明は中途半端に終わってしまう。目的は個人攻撃ではなく、あくまでも再発防止であり、会社のためなのだ。だから、ここは気の毒でも、辛抱して針のむしろに座ってもらうよりほかない。

そして、最後は横展開。同じ人間や同じ部署が二度と同様のミスをしないだけでなく、他の社員や別の部署でも似たようなことが起こらないよう対策を施すのだ。

ここまで徹底できれば、その失敗は、会社の財産となるのである。

コラム　悔しさをバネにしろ

日本にいて、会社では日本人の同僚とだけ話し、日本の新聞を読んで、日本のテレビを観る。毎日そういう生活をしていると、日本や日本人が外国からどのようにみられているか知る機会は、残念ながらほとんどない。

まあそれほど悪いイメージはもたれていないのではないか。別に根拠はないが、なんとなくそんなふうに考えている人も、なにかのきっかけで外国人から本音をきかされると、かなりショックを受けるのではないだろうか。

長い間家族ぐるみでつきあっているフランス人の夫婦がいる。

私は毎年夏の三カ月間近くを、妻の実家のある南フランスで過ごすことにしており、その滞在中に彼らとも旧交を温めるのだが、数年前にその夫婦の娘さんが、アメリカ人と結婚し、英語が通じる相手ができてコミュニケーションがずいぶんと楽になった。

昨年の夏、アメリカ人の彼とワインを飲んでいると、どういうわけか核の話になった。日本は核をもつべきだと思うかという彼の質問に、私は「もちろんだ」と答えた。そうしたら、日本はアメリカと安全保障条約を結んでいるのになぜだと、彼はさらにきいてくる。

「だって中国はもっているし、北朝鮮だって核をもとうとしているじゃないか。万が一、何かの理由でそういう国が日本を攻撃してきたら、その理由にかかわらずアメリカ人は命懸けで日本を守ってくれるのだろうか」

彼は腕組みをして考え込んだ。

それを見てしばらくして私は、

「とはいうものの、日本はやっぱりもたないほうがいいかもしれない」

と、笑いながら自分の考えを改めて彼に伝えた。

「核をもっても、日本の総理大臣は発射ボタンを絶対に押す判断ができない。だったら核抑止にもならないので意味ないだろ」

こういうと彼は「僕もそう思う」と大笑いした。ただ、あまりに彼が笑うので、私は少々複雑な気持ちにならざるを得なかった。

日本の総理大臣というのは若いアメリカ人からも、そういう情けない存在としかみられていないということがはっきりしたからだ。

以前、やはりフランス人の奥様をもつ、元ドイツ大使と話をしたときも、同じような気持ちになったことがある。

ソマリア沖に海賊が頻繁に出没し、それが国際問題となって、日本も二〇〇九年三月に海上自衛隊の護衛艦二隻をソマリアに派遣することになった。ところが日本は、集団的自衛権は保有しているが、行使はできないという憲法解釈が足かせとなり、同盟国の船が攻撃されても海上自衛艦は手を出せずそれをただ見守るだけだという。そんな状態で自衛艦を派遣して大丈夫なのかということが、新聞でも話題になっていた。

そんな話をドイツ大使にしたところ、この返事。

「大丈夫、日本の船がやられたら我が国の軍隊がちゃんと助けてやる」

このときもありがたいというより、日本は独立国扱いされていない。明らかに馬鹿にされているという気がした。

自衛隊が戦闘地域なのに武器を使えないのは、憲法に抵触するからだ。つまり、海外での武器行使、ならびに集団的自衛権の行使を可能にするには憲法を変えなければならないのだが、日本は戦後憲法を改正したことは一度もない。よくいわれるように、連合国に押しつけられた憲法だというのに、だ。

もうまもなく制定されて七〇年になろうというのに、いまだ何も変えずに、後生大事に守っている。

片やドイツは日本と同じ第二次世界大戦の敗戦国でありながら、自分たちで憲法にあたるドイツ連邦共和国基本法を制定、しかも一九九〇年の東ドイツとの統一以前には三十五回、統一後には二十二回も改正を行っている。

憲法とは生きているもので、必要に応じ改正されていかねばならないものである。それなのに、今の世の中に合わなくなった憲法も、またその解釈でさえもろくに変更できない日本は一体どうなっていくのだろうと思う。

このドイツ大使からは別のときに、大使館で定例会議をやると、新聞の世論調査で日本の総理大臣の支持率がまた下がったという報告が毎回出てくるので、あるとき「それはもうわかったから、今後はいっさい支持率低下の報告はするな」と指令したと聞かされたこともあり、このときもまったく笑えなかった。

連合国軍総司令部（ＧＨＱ）最高司令官として来日したダグラス・マッカーサーが、日本人の精神年齢は十二歳だといったのは有名な話だ。要するにこの国の人間は、大人になっても自立できていないといいたかったのだろう。

そして、戦後七十年近く経っても、世界からは相変わらず同じようにみられている。

それを素直に、おかしい、悔しいと感じ、自分だけは自立して、世界の人たちと伍して戦ってやるという気持ちになる、そういう人だけが、リーダーを目指す資格がある。

第４章

恐れと遠慮を捨てて導く力を

ブレインストーミングは時間の無駄

部下から上がってきた報告を会議にかけ、最後は多数決で成否を判断する。

日本の多くの会社では、長らくこういうスタイルが好まれてきた。そして、このような組織では、いろいろな人の意見によく耳を傾け、誰もが納得する落とし所を見つけるのが上手い、いわゆる調整型の上司が重宝がられる。

だが、いまどきこんなことをやっている会社は、この先、生き残れないと思ったほうがいい。

このやり方の最大の問題は、その答えが最善のものではないということだ。いわゆる政治的な判断をされて、内容的に甘くなって出てきたものが多いのである。

また、その決定までに時間がかかりすぎるところも問題だ。いまは意思決定にできるだけ時間をかけない即断即決が基本。実行しながら修正を繰り返して完成度を高めていく方法をとらないと、スピードで競合に負けてしまう。

また、このような合議制だと責任の所在がはっきりしないのも問題だ。個人が責任をとらなくていいということになると、仕事に緊張感もなくなるし、完成度も当然低くなる。だから、多数決で最終決定を下すくらい愚かなことはない。私にいわせれば、それはリーダーが自分で責任をとりたくないがために、本来自分がやるべき意思決定を放棄しているのと同じことだ。

日本企業に付きものの稟議書というのも同様である。みんなで印鑑を押すことで責任を分散し、結局誰も責任をとらないですむという状況をつくっているにすぎない。

トリンプにも稟議書はあったが、私は課長、部長、常務、副社長、社長と順に書類が上がってくる方式をやめ、時間を短縮する意味からも部長が承認すると同時にそれ以上の役職の人には全員同時に決裁の画面が回るようなコンピュータ・ソフトを開発した。

これなら時間もかからなくなるし、部長が一回承認すれば、他の役職の人には単に情報が流れるレベルの話となる。

会議でブレインストーミングをやる意味も私にはよくわからない。

三人寄れば文殊の知恵ということわざを信じてのことなのだろうが、はっきりいってこれも時間の無駄だ。

課題に対し答えを出すのは、その課題の当事者か、その課題を扱っている部署の担当者であり、そういう人たちが考えて出した答えが、いちばん優れているに決まっている。それを採用すればいいのである。それで任せてみて、失敗したら自分で責任をとらせる。

少なくとも全員の前で「これでいきます」と宣言したものなら、箸にも棒にもかからないような杜撰な内容ではないだろうし、たとえ失敗しても着地点を大きく外すようなことはないはずなのだ。

仕事を任せた担当者が、どうしてもアイデアが出ないのでみんなでブレインストーミングをしましょうなどといったら、私ならその担当者を即刻クビにするだろう。

書類にせよブレインストーミングにせよ、リーダーは不要と思ったものを思いきってなくす改革に取り組まなければならない。周囲の反対を気にしてなかなか取り組めないなどということでは、それはリーダーではない。

簡単である。どんどんなくしてみて、どうしてもないと進まない、必要だと悲鳴の上がったものについては再導入すればいいだけだ。

本当の適材適所とは

ほとんどの社員は、周囲の人たちが頑張っている環境に置いてあげれば、感化されて自らも頑張って仕事に取り組むようになり、勝手に成長していく。

だから、社員教育の基本は放置プレーがいちばんなのである。

逆に、上司があれこれ教えすぎると部下は指示待ちになって、自分で伸びようとする気持ちを失ってしまう。別の章で紹介した落合博満氏の『采配』同様、元読売巨人軍球団代表の清武英利氏の『巨魁』（ワック）にも、新人選手に対するコーチの教えすぎの弊害が書かれていた。会社も野球界も構造は同じなのである。

ただし、仕事の与え方には少し工夫が必要だ。上司は部下の実力をよく見極め、現在のレベルより少し上の難易度の仕事を任せる。そして、これがどうにかこなせたら、次はもう少し難しい仕事というように、常に、かなり頑張らないと結果が出せないような仕事をやらせるのだ。そうすると、底力のある人はどんどん力をつけてくる。

だが、なかには早い段階で成長が頭打ちになって、専門知識はあるもののリーダーシップを発揮できず、いつまで経っても課長や部長を任せられるだけの課題を越えられないという人もいる。能力より年次や勤続年数を重視して、そういう人でも役職に就かせる会社もあるのだろうが、そんなことをしても、本人も部下もともに不幸になるだけだろう。もちろん会社にとってもいいことは何もない。

トリンプではそういう人は、部下のいない専任課長などのポジションに就いてもらうことにしていた。

組織論の本には、よく二対六対二の法則が紹介されている。エリートばかり集めて組織をつくっても、時間が経つと優秀な二割、平均的な六割、仕事ができない二割の階層分けができてしまうというのだ。そして、最下層の二割を排除すると、残っているところで二対六対二の階層が新たにできるというものである。

不思議なもので会社も、一律のレベルの社員を採用しているはずなのに、気がつくと仕事ができるレベルに大学生、高校生、中学生くらいの差がついていて、その割合がほぼ二対六対二なのである。

では、組織の底上げを図るにはどうしたらいいか。二対六対二の法則を信じるなら、中学生レベルの二割を外してしまえばいいのである。それによってできた新たな二対六対二は、もともとのそれより平均は高くなっているからだ。

だが、欧米の会社ならこのようなアップ・オア・アウトはそう難しいことではないが、日本企業では成績が悪いからといって、無下に社員をクビにすることはできない。

そこで、本当に中学生レベルの仕事しか任せられないのであれば、私ならその社員にこういう。

「君の実力では正社員の仕事は難しい。だから明日からパートと同じ仕事をやってもらう。ただし、パートの時給は八百円、一方現在の君の報酬は時給に直すと二千五百円になる。そこで、仕事のレベルを落とす代わりに、報酬をパートより少しだけ上の時給千円に変更する」

これで本人が納得してくれれば問題ないし、さらなる折衷案ということもあろう。とにかく、その立場をわかってもらった上で一念発起して実力をつけ、社員としての仕事ができるようになったら、そのときは仕事と給料を元に戻してあげればいいのである。

もちろん、納得できずに辞めるという選択もあるだろう。全体のレベルが低い会社に転職すれば、いまの実力のままでも高校生レベルに分類されることだってあるからだ。自分の実力にあった場所で、それ相応の処遇を受ける。私はこれがいちばんフェアだと思う。

「日本人は優秀」の実際

日本の会社で、毎日日本人の顔だけを見ながら仕事をしていると、世界標準における自分の実力を正確に測るのは難しい。ただ、日本はついこの間まで世界第二位の経済大国だったこともあって、どうも日本人の多くが、自分たちは優秀なのだと思い込んでいるような気がしてならない。

たしかに、ソニーやトヨタという世界ブランドをつくりあげた高度経済成長期の日本人はそうだったかもしれないが、だからといって、いまもそうであるという保証はない。もっとはっきりいえば、少なくとも大卒レベルの比較でいうなら、すでに日本人は他国の後塵を拝するようになってしまっているのである。

トリンプ時代、ＩＴ化の波の到来を予想した私は、ＩＴ部門の強化を図ろうと、ＩＴ部長に博士号をもったイギリス人を採用した。

先日、イタリアで彼と久しぶりに会う機会があり、近況を尋ねると、南アフリカで入荷と請求書をつき合わせて、支払いを自動化するシステムソフトを売っているという。このシステムを導入すると、大きなスーパーなどでは百人単位で人を減らすことができるというセールスポイントがうけて大口の契約が結べているとのことだった。

なんともうらやましいと思ったものの、よくよく話をきいているうちに、それはトリンプ時代に私たちが考えたアイデアと同じものだということがはっきりしてきた。彼はそれを売って大儲けしていたのだ。

とにかく頭がよく目端が利くヤツなのである。彼とは、次に会うときは私にダイヤモンドの一個も持ってこいといって別れた。

話が飛んだが、当時ＩＴ部長として採用したその彼が、技術者として雇ったのがインド人だった。日本人よりも英語を文化的背景ごと理解するインド人のほうが、イギリス人としては使いやすかったのであろう。それに、彼らはたとえば月百万円の給料を支払ってでもお釣りがくるくらい仕事ができた。聞けば全員がインドの優秀な工科大学でＩＴを学んだという。

ただ、将来、スタッフに日本人がひとりもいなくなるのも具合が悪いので、新卒で二人採用し、ＩＴ部門に配属しようとした。

ところが、最終面接をしたインド人の技術者が、その二人の日本人を受け入れることにどうしても納得してくれない。理由をきくと、大卒にしてはレベルが低すぎるというのだ。しかし、両者とも有名な大学の優秀な工学部を卒業している。しかもともに専攻はＩＴだ。

そこで、二人に話をきいてみたところ、意外な事実がわかった。日本ではＩＴ専攻といっても、大学一、二年の間は教養課程。三年生になってようやく専門課程に移るが、最初は基礎理論の講義が中心で、三年目が終わったばかりのタイミングで、そんな難しい質問をされても答えられないという返事だった。

そこで、インド人技術者にそう伝えると、それはおかしいという。インドでは大学でＩ

Ｔを勉強したら、それはすぐにプログラマーやＳＥとして働けるということを意味する。そうでなければなんのために大学に行くのだ、と。

インドでは、大学とは実践で使える技術やスキルを教えるところなのである。学生もそれを承知で入学してくるので、四年間死ぬ気で勉強し、即戦力として耐え得る力を身につけて卒業していく。

これに対し日本の大学は、仕事に必要なことは何ひとつ教えないし、新卒学生を採用する企業も、そんなことは百も承知だから、挨拶や名刺の出し方から教えていく。社会に出る時点で明らかに大きな差をつけられているのに、日本人はそれに気づいていないのだ。

これをきいて危機感を覚えた人には、ぜひこれからのリーダーとして問題意識をもち、日本がよくなるために自分ができることを考えていただきたい。

海外で学んだ目からウロコの効率化

かくいう私自身も若かりし時に、社会人としての自分の未熟さを痛感させられた経験がある。

二十九歳でメリタというコーヒー会社の香港支社に赴任した時のことだ。私とほぼ同時期に、もうひとり同じ年齢のドイツ人が香港に異動してきた。その彼が着任早々、秘書を雇う募集をかけたのである。

当初、私はこのドイツ人の行動が理解できなかった。二十代の私にとって、秘書というのは功成り名遂げた人に対して会社が与えるほうびのようなものであって、一介の会社員にはまるで必要のないものだと思えたからだ。

ところが、その後になってドイツ人の彼をよく見ていると、秘書を使って、私の何倍もの仕事をやすやすとこなしていくのである。しかも、アウトプットの質も高い。

私はそんな彼を見て、世界のエリートがどうやって仕事をこなしているのかを初めて知った気がした。つまり、こういうことだ。

仕事にはさまざまなレベルのものがあるが、日常の多くの時間を「程度は低いけれど時間のかかる仕事」に使っているということには誰にも思い当たる節があるだろう。

当時の私も、特に自分でやらなくてもいいような仕事に、労働時間の半分をとられていた。それらの仕事は、指示・指導していけば、秘書でも処理できる類のものである。

そこでコストをかけて秘書を雇い、この雑用を手伝ってもらうと、私は雑用をしていた時間で本来の仕事ができるようになる。当然、成果はこれだけでも上がる。

さらに、秘書は私から引き取った雑用をこなすだけでなく、仕事に慣れてきたところでこちらがレベルアップの手伝いをすれば、さらに手がける仕事の質を上げていける。

コストはかかるが、最終的に秘書に手伝ってもらって私が上げる成果は、秘書を雇う前よりも格段に上がっている。秘書を雇うとは、まさに「生きた金の使い方」なのである。

秘書の話に限らず、コストパフォーマンス意識については、日本はまだまだ甘いと思う部分がある。

たとえばオフィスで使用しているパソコンだが、とっくに償却の終わったパソコンを後生大事に使っていたりはしないだろうか。さらに、それに入っているOSにXPを使用している会社が多いことはご存知のとおりだ。

秘書のケースと同様、古いパソコンとXPを使い続けるのがいいのか、経費を払って最新のパソコンを導入していくのがいいのか、それを使う人の人件費との比較で計算してみたらいい。

社員の効率が、新しいパソコンを導入することによってどれだけ上がったら買い替えの成果が出るのかはじき出して、コストパフォーマンスを考えればいい。

トリンプでは、計算の結果、四年で新しいパソコンになるように常に相当数のパソコンを毎年買い替えていた。日本のオフィスを見ると、このような生きた金の使い方ができていないことが多いと感じる。

今の人数でもなんとか仕事を回せているから、といってアルバイトを雇わなかったり、まだ使えるから、といっていつまでも古いパソコンを使っていたりするのは、ふたを開ければ倹約どころか、とんだ非効率であることも往々にしてありえるのである。

海外ではこのあたりのことはとてもクールに判断されている。倹約というといい風に聞こえもするが、実際にはこんな面でも差をつけられることを意識してほしい。

女性の部下を使いこなせ

私の知り合いで、結婚相談会社の社長をしている人から、ゴルフをしているときに、女性の部下の使い方について教えてほしいと相談を受けたことがある。

その会社はとにかく女性社員が多く、それまで男性中心の職場しか経験してきていないその社長は、彼女たちとどう接していいかとまどっているということだった。

それに対する私の答えは簡潔明瞭。

「男性も女性もまったく同じように扱えばいい」とお答えしたのを覚えている。

会社の利益を最大化するにはどうしたらいいかを考え、部下に指示を出して仕事を任せるのがリーダーであり、それに対し部下は、フォロアーシップとボトムアップできちんと結果を出して答える。これが会社の基本的な仕組みだ。

部下が女性だからといってどこかが変わるというようなことはないのである。

むしろ、最近の男性が草食化しているのに対し、女性はどんどんたくましくなってきている。また、男性は場の空気に支配されがちだが、女性は男性より論理的なのか、情緒よりも論理で動いてくれるので、上司としては女性の部下のほうが使いやすいともいえる。だいたい、いまは全雇用者の約四割が女性という時代なのだ。そして今後はいまにも増して労働者数が減少するので、女性の戦力化を真剣に考えていかなくてはならないはずだ。

女性の部下が苦手だなどといっていたら、それだけでその上司は、リーダー失格の烙印を押されてしまうだろう。

これからのリーダーは、相手が男性だから、女性だからという理由で仕事のやり方を変えたりしていては始まらないし、むしろ女性の能力を上手く引き出せないと立ち行かないといっても過言ではない。

ただし、子育てをしながら働くワーキングマザーに関しては、男性社員と同じというわけにはいかない。

たとえば、彼女たちには時間の制約がある。サマンサタバサのように社内に保育所が用意されているなら別だが、普通は社外の保育園に子どもを預けて働くことになる。

そうすると、夕方には預けた子どもを引き取りにいかなければならないので、当然残業はできない。

そういう女性を戦力として活用していくには、定時以降に会議を行うのを禁止したり、思い切って社内から残業を一掃したりといった改革が必要だ。こういった改革も、リーダーにしか決定できないがゆえに重要な仕事である。

また、子どもが急に熱を出すようなことがあれば、母親はすぐに駆けつけなければならないから、そういう場合の早退や遅刻は認めるよう、職場内で合意を取り付けておくとともに、緊急時は他の社員が仕事をカバーするよう体制を整えておく必要もある。

また、優秀な女性には、男性同様リーダーになるチャンスを与えるべきだ。

日本の会社には、まだまだ女性の管理職や役員が、男性に比べて圧倒的に少ないが、女性だからリーダーに向いていないというようなことは絶対にない。逆に、女性ならではの気遣いや優しさがいい方向に働けば、男性以上の成果を上げることだって可能なはずだ。

女性だからと色眼鏡でみるのではなく、女性をどう戦力化するかを考えることのほうが、これからはより重要になってくるのは間違いない。

アメとムチを使うのは三流

私のようなヘッポコゴルファーは、グリーンに出ても会心のショットなど数えるほどしかない。だが、キャディーさんというのはたとえひどいミスショットをしても、どこかいいところを見つけてほめてくれる。気落ちしないように配慮してくれるのだ。

これはこれでありがたい。せっかく気晴らしに来ているのに、あそこが悪い、ここがダメと厳しい指摘ばかりされたら、かえって気分が滅入ってしまう。

だが、キャディーさんの言葉を真に受けて安心していたら、いつまで経ってもゴルフの腕は上達しないだろう。本気で上手くなりたいという人にとっては、優しい言葉はむしろ邪魔なのである。

仕事もまったく同じだ。上司は部下をよく観察し、少しでもいいところがあればそこをほめてやるべきだなどという人もいるが、そんなことをしたらその部下は、この程度でいいのかと低いレベルで満足してしまって、成長できなくなる。まさにほめ殺しだ。

アメとムチのバランスが大事だというのも、同じく間違い。なぜ上司がアメを用意しなければならないのか。前述のとおり、なによりのほうびは厳しくあるべき自分が自分をほめてやれる瞬間であって、上司の仕事はその瞬間をつくるサポートをすることなのだ。

さらに、ムチというのも適当ではない。わざわざ部下に対していたずらに意地悪をしてもなんにもならないし、それこそ嫌われるだけだ。

必要なのはできあがってくる部下の仕事の内容に対する厳しさである。それを受ける部下も自分に対してどこまで厳しくなれるかで、その人の仕事のレベルは決まるのだ。

組織の一人ひとりが、自分に厳しい態度で仕事に取り組んでいれば、そこに新しく入ってきた人も、それを手本に、自分もまた自分に厳しくしようとする。そういう雰囲気をつくるのがリーダーの役目なのだ。

アメやムチでやる気を出させたり、威嚇したりするのは三流、四流のリーダーシップであって、効果のほども高が知れている。

アメがほしければ精いっぱい努力して、自分で満足感というアメを手に入れればいい。

「初めて自分で自分をほめたいと思います」

こういったのは一九九六年アトランタオリンピック女子マラソンで三位になった有森裕子氏だ。彼女はその四年前のバルセロナオリンピックで銀メダルを手にした後、故障で長い期間走れないという日々を余儀なくされた。その苦難を乗り越えて獲得した銅メダルだったからこそ、喜びもひとしおだったのだろう。

有森氏のゴールする姿を見て、思わず拍手をした人も多いと思う。そこにはなんの他意もなかったはずだ。今回のロンドンオリンピックでも、思わず「ご苦労さん」と声をかけたくなるような例をいくつも見ることができた。

部下のことは一切ほめるべきではないなどといっているのではない。周囲が、彼には無理だろうと思っていたことを、不断の努力で成し遂げた姿を目にしたら、自然と称賛の声が口をついて出てくるはずだ。

それは魂の声だから、おさえる必要はない。

ノウハウの有無より大切なこと

なんでもグーグルにキーワードを入れて検索し、答えをコピー・アンド・ペーストする。そういう最近の風潮を否定するリーダーの声は巷に多い。

私も、他人の意見や考えをあたかも自分のもののようにすり替えるのは、とんでもないことだと思う。が、かといって検索でどこからか答えを探してくること自体は、そう悪いことだとは思っていない。

ここでもスティーブ・ジョブズの遺した「優れた芸術家は真似る。偉大な芸術家は盗む」という言葉が当てはまる。本当に自分のものにできるかどうかということだ。

むしろ、私はトリンプの社員には、ＴＴＰ（徹底的にパクる）を推奨してきた。他所にいいものがあれば、どんどん取り入れて自分のものにしてしまえばいいのである。

だいたいこの社会で前例のないものなどほとんどない。時間をかけて考え、これは自分のオリジナルだと胸を張ったところで、探してみれば似たようなアイデアや仕組みは、必ずどこかに見つかるものだ。

だったら、最初から検索し、いま必要なものに近いものをまず探したほうが、よっぽど効率的ではないだろうか。

あの天下のエジソンも、天才は一％のひらめきと、九九％の努力といっている。

そう、重要なのはひらめきではなく、それを自分のものにするまで努力し続けることができるかどうかのほうなのである。

先に述べたようにトリンプ時代、早朝会議や残業ゼロが有名になり、全国からいろいろな人が見学にやってきた。もちろん私は「すべてオープン」が信条なので、すべて見ていただいたし、質問に対しても包み隠さず答えた。

それなのに、その後早朝会議や残業ゼロが根付いた会社は数えるほどしかない。やってはみたものの、モノになる前に諦めてしまったところがほとんどだ。

つまり、重要なのはノウハウの有無ではないのである。それを自分たちのものにするまで徹底できるか、その厳しさがあるかどうかが勝負を分けるのだ。

私もこうして、自分の考えややってきたことを本や講演で片っ端から公にしている。その気のある人は、どんどん真似して、自分のものとし、ぜひ私を越えるリーダーになっていただきたい。

せっかく情報がとりやすい便利な世の中なのだ。実行力をもってするＴＴＰ、上等である。

千尋の谷は複数用意

「部下を千尋の谷に突き落としていいのか」

「当たり前だ。いいに決まっている」

「でも、最近の部下はひ弱なので、そんなことをしていたら、会社には若い人間が誰もいなくなってしまうかもしれない」

「それに、ケガをさせたら訴えられるぞ」

リーダーシップ研修といっても、案外こんなつまらない議論をしているらしい。

先に結論をいえば、体育会系らしく部下を端から千尋の谷に落とすのも、そっちに行くと危ないぞと先回りして声をかけ、谷に落ちるのを防いであげるのも、どっちもリーダーとしては失格だ。

部下に試練を与えるのは、能力を伸ばすために不可欠だからである。傷つかないように部下に気を使っていたら、いつまで経っても部下は成長しない。

だからといって、一の体力しかない部下に、いきなり十の負荷をかけるようなことをすれば、かなりの確率でその部下はつぶれる。

リーダーは、部下を落とす前に、彼あるいは彼女の実力を見極め、「千尋は厳しいが五百尋なら大丈夫だ」「まずは三百尋で様子をみよう」というように、それに見合う谷を選んで落とす。これが正解だ。

さらに、這い上がってくる際の手足の使い方や、体のバランス、コースの取り方などをよく見ておいて、彼は基礎体力が不足している、とか、握力が弱い、などの弱点を把握し、能力のストレッチに最適な谷の前に連れていって、再び背中を蹴るのである。

このように、チャンスは一度ではなく、何度も用意しておくのだ。

このところ、上司から厳しいことをいわれただけでうつ症状になったり出社拒否になったりする若者が多いと聞くが、これは実力と明らかに不相応の負荷をかけているだけの話なのではないかと思う。実力に見合った負荷をかけられ、それをクリアすることは、本人にとっても快感なはずだ。

同じ厳しさでも人を見て厳しさを調整し、なおかつ再チャレンジの機会をちゃんと設けてあげれば、部下がつぶれることは防ぐことができるだろう。

報連相はなし、やるべきこととデッドラインを決めたらあとは徹底的に任せるというスタンスのもとで、デッドラインが来るたびにその部下がどのようなところで苦戦したりミスをしたりしているかを把握する目線の配り方が求められる。

個人のやる気より雰囲気づくり

一人ひとりのメンバーが意欲をもって仕事に取り組まなければ、職場やチームの生産性は上がらない。

始業時刻のギリギリになって出社し、眠気の覚めやらぬまま昼を迎え、午後になってようやくエンジンがかかってくる。こんな社員ばかりでは、競争に勝ち抜いていけるわけがない。

では、どうやって個々の部下のやる気を高めていけばいいのだろう。

これに関しては、リーダーのできることは、ない。

「馬を水辺に連れていくことはできるが、水を飲ませることはできない」ということわざもあるように、やる気の低い部下の耳元で、いくらリーダーが「もっと全力で仕事に取り組め、手を抜くな」と声を張り上げたところで、そんなのは文字どおり、馬の耳に念仏だ。

しかしながら、まともなリーダーが代わったら、俄然メンバーの眼の色が違ってきて、みんなやる気を出し始めたというようなこともよくある話だ。

それは、そのリーダーの雰囲気づくりが上手いのだ。

メンバーのやる気というのは、もちろん本人の資質や性格もあるだろうが、それよりも職場やチームの雰囲気に左右されるところが大きい。

弛緩した空気に包まれた職場にいたら、自分への厳しさなどあっという間になくなって

「そんなに頑張らなくてもいいんだ、自分も適当にやろう」という気持ちに自然となっていくものだ。人間とは元来弱いものである。

逆に、気力をみなぎらせ、朝からハイテンションで仕事をするのが当たり前という感じの職場では、リーダーに尻を叩かれなくても、みなそうなっていく。自分だけのんびりしていると、かえって居心地が悪いからだ。

職場のやる気モードを高めるには、まずリーダー自身が自分に厳しく、高いレベルで仕事をしている姿を、部下に見せるのである。また、苦しくてもつらそうな顔をせず、リーダーがその苦しさを楽しんでいるというのを伝えることも大切だ。

実際、高いハードルを越えたときほど、より大きな喜びと満足感を手に入れることができるのだから、それを思えば苦しいことは、むしろ歓迎すべきことなのである。

苦しさから逃げて楽をすることを優先する人は、ハードルを越える喜びと満足感を知らないだけなので、上司がそれを教えてあげればいいのだ。

上司を筆頭に、全員が高い目標に向かって努力し、達成した喜びを分かち合う。そんな雰囲気をチーム全体に作れたら最高だ。

ひとつ自慢話を許していただけるなら、私がトリンプ時代の部下に会う機会があると、みながみな口をそろえて「吉越さんが社長のときは、いちばん仕事がきつかったけれど、いちばん楽しかった」といってくれる。

いちばん厳しくていちばん楽しい。リーダーとしては何より嬉しい言葉である。

部下からの反発も総攻撃も当たり前

部下がいうことをきいてくれない。

部下から反発されたらどうしよう。

そんな邪念はさっさと振り払ってしまうべきだ。リーダーを優しく迎えてくれる部下など、この世にいるはずがないではないか。

とくに新任のリーダーの場合、本当にこの人についていって大丈夫か、部下も疑心暗鬼になっている。まだ結果も出ていないのに、それまでと違ったことを強制させられたら、反発するのは当たり前である。

私だってトリンプ・インターナショナル・ジャパンに来て、それまで香港でやっていた仕事のやり方を日本にも根付かせようとしたら、社員からいきなり総攻撃を受けた。デッドラインを付けて仕事を任せようにも、それまでそのように厳しい、圧倒的なスピードを要求していくやり方をしていなかった当時の社員は、それでなくても忙しいことは事実なので、「時間がとれませんから三日後なんて無理です」「一週間は必要」「いや一カ月」と期限をできるだけ引き延ばそうとする。

さらに、会議で社員がまとめてきた対策の甘いところを追及すると、怒って会議室から出ていったということも何回かあった。

それでも私は、デッドラインを浸透させないと低迷していた業績を回復させることはできないという信念をもっていたので、どんなに反発されようと毎日会議をやり、デッドラインを付けて働くというスタイルをしつこく社員に叩きこんでいった。

おかげでこちらの髪の毛はあっという間に白髪になった。その早さたるや本当に驚くほどだった。しかし徐々にそのやり方で、確かに仕事ができるようになり、結果が出てくるということがわかってくると、ようやく社員も私の仕事の進め方、ひいては私自身を受け入れてくれるようになったのである。

それでも、不満分子は完全にはいなくならなかった。しかし、リーダーはそういう人たちも戦力にしていかなければならない。リーダーが部下を抵抗勢力と呼び、対峙していては何も進まない。

そこで、さらにデッドラインの力を借りたのである。

ことごとく私に反発してくるAさんの部門で問題が起こったら、その部門会議でその問題を解決する担当者をAさんとし、同時にいつまでやらなければならないかというデッドラインを決めてしまうのだ。

そうしたら今度はその流れを早朝会議で発表するのである。すると、他部門も知るところとなり、同時に全社の合意事項となるので、Aさんはいくら私に反発していても、やらざるを得なくなるのだ。

また、早朝会議では、何度やっても担当者から満足のいく解決案が出てこないとき、会議でまったく別の部署の人間を指名し、次はお前がやれとその課題を任せてしまったこともあった。

そうすると、担当者としては面目丸潰れである。二度とこんな思いをしたくないと、次回から必死に課題解決に挑むようになるという寸法だ。

このように、やり遂げる、結果を出すという役割を果たすために、リーダーは腹をくくり、あくまでもブレずに命懸けで事に臨まなければならないのである。

世にリーダーシップの本はたくさん出ているが、とくに競争の厳しいこれからの時代、この部分を端折っているものは使えないと思っていい。

成功するまでやれば成功する

リーダーシップ研修を受け、リーダーの心得について書かれた本を何冊も読んだはずなのに、いざ部下をもってみると、コミュニケーションはうまくいかず、信頼も得られず、結果も出せない……自分はリーダーに向いていないのだ。

こう思っている人は、まずその考え方を改めなければならない。

ここまで読んでくれた人にはおわかりのとおり、リーダーというのはそもそも、研修を受けたり本を読んだりしたくらいでなれるような、簡単なものではないのである。

理想のリーダーとなるためには、うまくいかなくても強い意志をもって、何度も何度も挑戦するのである。試行錯誤を繰り返さないで成長することはできないのだ。

その過程で、私利私欲を捨てることや、高い倫理観をもつこと、部分最適ではなく全体最適を当たり前として考えられるようになることなども、併せて自分に厳しく課していく。


部下から信頼されないとか、部下がついてこないとかいっている暇があったら、ひたすら自分を磨くのだ。

やがて自分がリーダーとして成長すれば、必ず部下もついてきてくれるものだし、信頼も勝ち取ることができる。そうならないうちは、まだまだ自分の努力と試行錯誤が十分でないと思わなければならない。部下の愚痴をいう前に自分を省みろ、である。

そして、自分に対するのと同様に部下にも厳しく接すること。そうしないと部下が育たない。自分が成長するだけでなく、部下を成長させることも忘れてはならない。だから任せるところは任せる、を肝に銘じたい。

少なくとも、部下には最低、自分のレベルにまでは成長してもらわないといけない。ただし、いつまでも部下に対して報連相をやっていると、せいぜい自分のレベルで成長が止まる。でも任せると、それ以上に成長してくれる可能性があることを覚えておかないといけない。

さらに、厳しさにも塩梅が必要なことも念押ししておく。部下の基準も自分と同じでは、クリアできない人が続出し、部下に仕事が任せられなくなってしまうので、そのあたりは現在の部下の実力をみて、頑張ればここまではやれるというところに基準を定めてあげる。

それから、辛抱と忍耐。これもリーダーにとっては不可欠な要素だ。

豊かな森を育てるには、「競争、共生、我慢」というルールを忘れてはならないというが、これは会社でも一緒である。部下は、競争を通してこそ力をつけ生存能力を高めていく。

しかし、強いものだけが残ればいいというのでは組織は成り立たない。それぞれの能力や適材適所を見極め、どこをどのように伸ばせば組織として最大の力が出せるようになるかを、リーダーはよく考えなければならない。

そして最後に、なんといっても根気が必要だ。こうやると決めたら腹を据え、結果が出るまで我慢してそれを続ける。石にかじりついてもやるのだ。

「成功するまでやれば、必ず成功する」

最後にこの言葉をすべてのリーダーに贈ろう。

コラム　世界と日本のギャップを意識せよ

南フランスに行きニース空港に着くと、いつもお願いする個人タクシーの運転手がいる。昨年の夏、いつものように電話をすると、やってきたのは息子さん。代がわりしていたのだ。

その息子さんは英語が達者なので、同乗している間にあれこれ話をしているうち、なんと彼がドクターの資格をもっているということがわかった。

なんでも、最初はフランスの大学で研究していたのだが、そこは二年間で結果が出ないと辞めなければならないので、ものすごく頑張ったものの、残念ながら大学に残れるだけの結果を出せなかったということらしい。

そこで、次はアメリカに渡り、なんとハーバード大学の研究室に入って新たなテーマで研究を始めたのだが、やはり二年で契約を切られてしまった。厳しい世界である。

そこで彼は考えた。自分はせっかくドクターの資格まで取ったのだから、もちろんこのまま研究を続けたい気持ちはある。だが、それで将来食べていける保証はない。

結局、研究の対象にしたものが良く次々と結果が出せるか、あるいはものすごく裕福で生活が安定していないと研究職なんて続けられない、という現実を認めないわけにはいかなかった。それで研究者の道を諦め、父親の跡を継いでタクシーの運転手になったのだそうだ。

彼にいわせれば、そういう人はたくさんいるという。

かなり悲惨な話だ。でも、これが世界の現実なのである。何の技術ももたず大学を卒業しても、どこかしら働き口がある日本のほうが特殊だし、なんと恵まれていることか。

しかし、日本だって、企業を取り巻く環境は年々厳しくなってきている。従順だけが取り柄の人が高い給料をもらえる時代は、そう長くは続かないだろう。

ソフトブレーンの元社長で、現在は同社のマネージメント・アドバイザーを務める宋文洲氏は、自身のメールマガジンで、自分の子どもを日本ではなく中国の学校に入れた理由を次のように書いていた。

「優しさ、思いやり、平等、公正・・・一般論でいえば、日本の学校は中国の学校よりはるかに良いと思います。しかし、日本の学校には競争およびこれに伴う挫折の体験が少なく、当然その挫折から立ち直るための体験や教育もできません。（中略）子供がついていけない時や競争に負けた時、私はチャンスだと思っています。頑張って挽回するのもいいですし、自信を失い苦しむのもいいです。だって大人の世界はそればかりではありませんか。先生が乱暴だといっても私は気にしません。なぜならば社会に出ると上司と顧客に乱暴な人が多いからです」

あえて子どもを中国の学校に入れたという宋氏の判断は、日本人にはなかなか理解できないかもしれない。だが、私にいわせれば、宋氏の感覚こそが世界標準なのである。

この世界で生きていくのは、日本人が思っているよりもずっと厳しいことなのだ。

もし本気でリーダーを目指すなら、この現実を真正面から受け止め、どんな環境であってもリーダーシップを発揮できるようになるには何が必要かということを、ちゃんと理解しなければならない。

そうでなければ、この国から世界で通用するリーダーが生まれることなど到底無理なのである。

おわりに

本書を最後まで読んでくださった方には、こんな鬼軍曹のようなやり方で本当にチームや組織がついてくるのか、と思った人もいるかもしれない。

また、やはり部下をほめて伸ばしたり、心の交流を大切にしながら指導していくべきだ、と思う人もいるかもしれない。

でも、あえてここで繰り返しておきたいのは、部下にとって本当に良いリーダーというのは、自分の能力を限界まで開花させるサポートをして結果を出させ、勝利の味を教えてくれる人なのだということである。常に慈悲深く親切な「いい人」ではない。

仕事というのは、普通の人の人生において圧倒的な存在感を持つものだ。膨大な時間をかけて取り組む仕事で自分の能力を高め、結果を出さなければ、他のどこでそれができるというのだろう。

結果を出すことは、気持ちがいい。

当然、仕事なので、結果を出すことは義務でもある。リーダーはその義務の全責任を負う立場にあるのだから、二週間徹夜態勢で無茶をしたり、髪の毛が真っ白になるほど苦労することだってある。

でも、チームで苦しい思いをして得る達成感は、そのチームに所属する人にとって何ものにも代えがたい喜びをもたらす。

苦しい苦しいと必死についてきた部下たちも、ゴールの美酒を味わったあとには必ずあなたへの信頼感を高めてくれるはずだ。リーダーと部下の信頼関係は、いたずらな優しさではなく、あくまで目標の達成を共有することで醸成されるべきなのだ。

トリンプ社長時代、私はいくつものハードルを部下とともに越えてきた。

たしかに誰が見ても厳しいリーダーだったと思うが、いかんせん根が明るい人間なので、怒鳴った数だけ冗談を飛ばしていたし、一度雷を落として解決したことをいつまでも引きずることもなかった。私の場合は、知らず知らずのうちにそれで何とかバランスをとっていたのかもしれない。

リーダーとは、こうすれば絶対上手くいく、という正解のない難しい役割である。

だからこそ、言いきり型のノウハウ書に踊らされることなく、まずは自分が目指すリーダー像をしっかりと自ら思い描いてみることだ。

そして最後の最後まで、「徹底して」そのリーダー像に近づいてゆく決意を固めるきっかけに本書を使っていただけたら、これ以上嬉しいことはない。

近い将来、日本が優秀なリーダーを多く輩出し、世界の国、企業と伍して闘っていけるようになることを楽しみにしている。

PHP
Business Shinsho

吉越浩一郎（よしこし・こういちろう）
1947年千葉県生まれ。上智大学外国語学部ドイツ語学科卒業。メリタ香港の勤務を経て83年にトリンプ・インターナショナル（香港）に入社、86年よりトリンプ・インターナショナル・ジャパン(株)に勤務。87年代表取締役副社長、92年に代表取締役社長に就任し、2006年に60歳になるのを機会に退社。その間、同社では即断即決経営を武器に19年連続増収増益を達成。早朝会議、デッドライン、残業ゼロ等の経営手法を取り入れ、効率化を図り会社を急成長させた。
現在、東京と、夫人の故郷である南フランスの２か所を拠点に、余生ではない「本生」を実践しつつ、国内各地で幅広く講演活動、執筆を行う。

装丁写真：Yuichi Murayama
編集協力：山口雅之

PHPビジネス新書 239

結果を出すリーダーの条件

2012年10月２日　第１版第１刷発行

著　者　吉越浩一郎
発行者　小林成彦
発行所　株式会社ＰＨＰ研究所
東京本部　〒102-8331　千代田区一番町21
ビジネス出版部　☎03-3239-6257(編集)
普及一部　☎03-3239-6233(販売)
京都本部　〒601-8411　京都市南区西九条北ノ内町11
PHP INTERFACE　http://www.php.co.jp/
装　幀　齋藤稔
組　版　朝日メディアインターナショナル株式会社
印刷所　共同印刷株式会社
製本所　東京美術紙工協業組合

©Koichiro Yoshikoshi 2012 Printed in Japan
落丁・乱丁本の場合は弊社制作管理部(☎03-3239-6226)へご連絡下さい。
送料弊社負担にてお取り替えいたします。
ISBN978-4-569-80706-5

「ＰＨＰビジネス新書」発刊にあたって

わからないことがあったら「インターネット」で何でも一発で調べられる時代。本という形でビジネスの知識を提供することに何の意味があるのか……その一つの答えとして「**血の通った実務書**」というコンセプトを提案させていただくのが本シリーズです。

経営知識やスキルといった、誰が語っても同じに思えるものでも、ビジネス界の第一線で活躍する人の語る言葉には、独特の迫力があります。そんな、「**現場を知る人が本音で語る**」知識を、ビジネスのあらゆる分野においてご提供していきたいと思っております。

本シリーズのシンボルマークは、理屈よりも実用性を重んじた古代ローマ人のイメージです。彼らが残した知識のように、本書の内容が永きにわたって皆様のビジネスのお役に立ち続けることを願っております。

二〇〇六年四月

ＰＨＰ研究所